Knaur

DIETER PERLOWSKI

NEUE SKETCHE

Knaur

DIETER PERLOWSKI

NEUE SKETCHE

FÜR ALLE GELEGENHEITEN UND JEDEN ANLASS

www.droemer-knaur.de

Bibliografische Information Der Deutschen Bibliothek
Die Deutsche Bibliothek verzeichnet diese Publikation in der Deutschen Nationalbibliografie; detaillierte bibliografische Daten sind im Internet über http://dnb.ddb.de abrufbar.

Die im Buch veröffentlichen Ratschläge wurden von Verfasser und Verlag sorgfältig erarbeitet und geprüft. Eine Garantie kann dennoch nicht übernommen werden. Ebenso ist die Haftung des Verfassers bzw. des Verlages und seiner Beauftragten für Personen-, Sach- und Vermögensschäden ausgeschlossen.

Umschlagkonzeption: ZERO Werbeagentur, München
Umschlaglayout und Herstellung: ZERO Werbeagentur, München
Umschlagfoto: Mauritius-images/age fotostock

Illustrationen: Till Winkler, Augsburg
Lektorat: redaktionsbüro drajabs, Berlin
Satz und Layout: Diamond Graphics, Augsburg
Herstellung: Dagmar Guhl

Druck und Bindung: Appl, Wemding

ISBN 3-426-66930-7
Printed in Germany

Bitte besuchen Sie uns im Internet:
www.droemer-knaur.de

INHALT

AUS DER KLEINEN WELT: SKETCHE MIT KATRINCHEN

AUS DER GROSSEN WELT: SKETCHE UMS WELTGESCHEHEN

Ein Verein feiert Jubiläum, den Gästen wird ein buntes Programm geboten. Natürlich wird dieses Programm mit mindestens einem Sketch bereichert, der im günstigsten Fall zu Lachsalven anregt, im ungünstigsten aber den Wunsch aufkommen lässt, doch lieber den Männerchor noch einmal zu erleben. Zwischen hervorragend und grottenschlecht liegen Welten, und doch gibt es nur vier Gesichtspunkte, die zu betrachten sind:

- die Zusammensetzung des Publikums,
- die Qualität des Textes,
- das Erscheinungsbild der Darsteller und des Spielortes
- die Spielweise.

DER RICHTIGE TEXT FÜR IHR PUBLIKUM

Sketche werden ja nun nicht nur bei Großveranstaltungen gespielt, sondern viel öfter noch im kleineren Kreis. Wenn das Publikum nur aus guten Freunden und Verwandten besteht, wird den Darstellern fast immer das Gefühl vermittelt, eine tolle Leistung geboten zu haben. Auch dann, wenn sie für dieselbe Leistung vor großem Publikum, das vielleicht auch noch Eintritt zahlen musste, womöglich ausgepfiffen worden wären. Es ist also angebracht, nicht nur die Texte zu lernen, sondern auch darüber nachzudenken, wie man sie rüberbringen will.

Die Qualität von Texten wird sehr subjektiv empfunden. Der eine mag Comedy, der andere lieber Kabarett, der dritte schwärmt für den englischen Humor, der für den vierten zu schwarz ist. Versuchen Sie also, Texte zu finden, die Ihnen für das zu erwartende Publikum angemessen erscheinen. Wenn es Ihnen gelingt, Sketche zu Themen zu bekommen, die im Zusammenhang mit der Veranstaltung stehen, auf der Sie auftreten wollen, sind Sie dem Erfolg schon einen guten Schritt näher.

Gehen Sie ruhig davon aus, dass Sketchautoren ihre Texte lieben und sich einige Gedanken über Wortwahl, Satzmelodie und Satzbau gemacht haben. Aber die Autoren möchten auch erfolgreich gespielt werden. Deshalb ist nichts dagegen einzuwenden, wenn Sketche an Gegebenheiten angepasst, durch eigene Ideen erweitert oder um Passagen gekürzt werden, die aktuell nicht passend sind. Wenn Ihnen

ein Gag einfällt, dann bauen Sie ihn in den Text ein. Jeder Sketch, mal vom gespielten Witz abgesehen, kann noch verbessert werden. Berücksichtigen Sie aber, dass jeder Sketch auch schlechter gemacht werden kann, zum Beispiel durch unnötige Längen.

KOSTÜME UND BÜHNE

Hier erhebt sich zunächst die Frage, ob Sie überhaupt eine Bühne haben. Wenn es dort, wo Sie auftreten wollen, eine solche gibt, dann machen Sie sich mit ihr vertraut. Prüfen Sie die Akustik. Werden Sie so laut sprechen können, dass Sie im ganzen Saal verstanden werden? Lassen Sie sich, wenn nötig, vom Hausherrn in die Tontechnik einweisen, oder bitten Sie jemanden, der die Technik des Raumes kennt, Sie bei Ihrem Auftritt zu unterstützen. Und dann proben Sie Ihren Sketch mehrmals auf der Bühne mit Mikrofonen. An die Dinger muss man sich nämlich wirklich gewöhnen.

In Opas Wohnzimmer werden Sie ja nun keine Bühne vorfinden, und auf der Gartenparty schon gar nicht. Bei diesen kleineren Veranstaltungen kann man Sie sicher gut verstehen, aber dafür unter Umständen nicht sehen. Machen Sie bitte nicht den oft zu beobachtenden Fehler, dass Sie bei Ihrer Darbietung sitzen, während Ihr Publikum steht. Das geht nur gut, wenn alle Zuschauer in die erste Reihe passen. Die meisten Sketche für zwei Personen kann man sowohl sitzend als auch stehend spielen.

Auf der großen Bühne könnte man ein Büro einrichten, wenn man eine Büroszene spielen will (z. B. S. 62, 93). Im kleinen Rahmen reicht es, wenn man einen Aktenordner vor sich auf den Tisch legt. Auf der großen Bühne steht ein Telefon auf dem Schreibtisch, sonst genügt ein Handy. Verwenden Sie nur so viele Requisiten, wie Sie wirklich brauchen.

Kostümieren Sie sich nicht, als ob Sie zum Maskenball wollen. Ihr Äußeres soll natürlich zu Ihrer Rolle passen. Als Leichenbestatter oder soeben gewordene Witwe tragen Sie natürlich schwarz, als Handwerker einen Arbeitsanzug und als Ärztin (S. 62) einen weißen Kittel. Aber als ganz normaler Mensch tragen Sie ganz normale Kleidung und nicht etwa ein großkariertes Sakko wie einst Peter Frankenfeld. Verändern Sie Ihre Kleidung nur so viel, wie unbedingt nötig ist.

Schminken Sie sich nicht extra für Ihren Auftritt. Es sei denn, Sie gehen auf eine Bühne, die mit Theaterscheinwerfern ausgeleuchtet wird. Nur in diesem Fall sollten die Farben etwas verstärkt werden, denn Scheinwerfer machen ziemlich blass.

Um diesen Abschnitt zusammenzufassen: Wenn Bühne, Requisiten und Kostümierung stärker wirken als Ihr Spiel, dann haben Sie etwas falsch gemacht. Das Wesentliche beim Spielen eines Sketches sind Sie, Ihr Talent und Ihr Spaß am Komischen. Damit können Sie Ihr Publikum hinreißen und es zum Lachen bringen, nicht aber mit irgendwelchen unnötigen Hilfsmitteln.

Grundsätzlich gibt es drei Möglichkeiten, Sketche vorzutragen. Die einfachste Art ist die Lesung mit verteilten Rollen. Dabei sollte jeder Darsteller eine Kopie des ganzen Sketches vor sich haben, von der er seinen Text ablesen kann. Hier erübrigt sich jede Requisite und jede Kostümierung. Manchmal kann es aber nötig sein, den Zuhörern die Szene zu erläutern. Außer auf gute Betonung ist bei der Lesung auf kaum etwas zu achten.

Anspruchvoller ist die szenische Lesung. Hier werden die Texte nur noch dazu verwendet, den Handlungsablauf sicherzustellen. Die Augen der Darsteller kleben nicht mehr am Text, sondern schweifen hin und wieder zu ihm ab. Bei der szenischen Lesung kommen zum Vortragen des Textes schauspielerische Elemente hinzu. Gestik und Mimik unterstreichen die Handlung. Auf Kostüme und Requisiten wird auch hier verzichtet.

Die reizvollste Art des Vortrags ist natürlich das Spiel. Sie haben Requisiten und Kostüme vorbereitet, Ihre Texte gelernt und geprobt. Sie freuen sich bereits seit Tagen auf Ihren Auftritt, aber auf dem Weg zum Ort der Veranstaltung drängen ganz neue Gedanken in Ihr Bewusstsein: »Nach welchem Satz muss ich noch gleich auftreten? Was muss ich sagen, wenn mein Partner mich böse anguckt? Verdammt, mir fällt der erste Satz nicht ein!« Die Symptome sind eindeutig: Sie haben Lampenfieber. Darin unterscheiden Sie sich gar nicht von den Profis, das haben die nämlich auch.

Bekämpfen Sie Ihr Lampenfieber nicht, schon gar nicht mit Beruhigungsmitteln oder gar Alkohol. Alkohol birgt die Gefahr, dass Ihnen der erste Satz tatsächlich nicht mehr einfällt, und die Baldrianpille führt dazu, dass Sie nachher beim Spiel wie eine solche wirken. Lernen Sie, das Lampenfieber zu genießen, denn es wird Ihnen bei Ihrem Tun helfen. Ein Mensch mit Lampenfieber geht mit einer großen inneren Anspannung in eine Szene, und die bleibt auch erhalten, wenn das Lampenfieber verschwunden ist – und es verschwindet meist wenige Augenblicke nach Beginn des Spiels. Aber nicht ganz; in einer Ecke des Gehirns lauert es versteckt auf eine Panne, und wenn die eintritt, ist es sofort wieder da. Pannen lassen sich nicht vermeiden, aber man kann sich auf sie vorbereiten, doch dazu unten mehr (s. S. 15 f.).

Nun sind die vermeintlich selbstkritischen Fragen, die das Lampenfieber in die Köpfe schmuggelt, nicht von wirklicher Bedeutung, denn Sie können Ihren Text natürlich und werden ihn beim Spiel auch höchstwahrscheinlich rechtzeitig auf der Zunge haben. Das Lampenfieber stellt leider viel zu selten die richtigen Fragen, deswegen sollten Sie das selbst tun. Fragen Sie sich mal, welchen Zweck Ihre Darbietung hat. Auf diese Frage kann es nur eine Antwort geben. Der Zweck Ihres Auftritts ist, Ihrem Publikum Freude zu machen. Wenn man das wirklich verinnerlicht, dann sollte es gelingen, die bösesten Anfängerfehler zu vermeiden.

Stehen Sie nicht über Ihrer Rolle, sondern in ihr. Der Zweck Ihres Auftritts ist ja nicht, dass Sie sich übermäßig profi-

lieren wollen. Übertriebene Spielweise, erkennbar an verstellter Stimme und übertriebener Gestik, hat wesentlich mehr Erfolge verhindert als Texthänger.

Der Zweck Ihres Auftritts ist auch nicht edler Wettstreit. Es Ihr geht nicht darum, wer seine Rolle besser spielt, Sie oder Partner. Wenn jemand glaubt, er könne Sketche besser spielen als der andere, dann sollte es für ihn selbstverständlich sein, seinen Partner oder seine Partnerin mit Rat und Tat zu unterstützen. Das Maximum an Wirkung holen Sie aus einem Sketch nur dann heraus, wenn die Rollen gleichwertig gespielt werden.

Glauben Sie, dass es das Publikum erfreut, wenn Sie stocksteif mit hängenden Armen vor ihm stehen und leise Ihren Text vor sich hin murmeln, wobei Sie die Augen beschämt niedergeschlagen haben? Gehen wir mal das Problem der Hände an. Wenn sie

nichts zu tun haben, wirken sie fast wie unnötige Requisiten – man weiß nicht, wohin damit. Nahezu alle Kinder zeigen mit ihren in der Szene nicht gebrauchten Händen ihre Nervosität, indem sie am unteren Saum ihrer Kleidung zupfen, Mädchen am Rocksaum, Jungen am Saum ihrer kurzen Hose. Kaum haben sie aber ein Spielzeug in der Hand, wirken sie schon viel natürlicher. Auch als Erwachsener können Sie Ihren Händen etwas zu tun geben. Viele Dialoge kann man in verschiedene Szenarien bringen, am Frühstückstisch kann man mit dem Frühstücksgeschirr hantieren, im Wohnzimmer nimmt man eine Zeitung zur Hand oder strickt oder häkelt, im Büro hat man Aktenordner, in denen man blättern kann, beim Treffen auf der Straße trägt man eine Einkaufstasche, der Herr kann Pfeife rauchen – aber bitte kalt, wenn sonst nicht geraucht wird. Die Möglichkeiten sind unendlich.

Nun haben Sie nicht nur Arme, sondern auch Beine, und die haben plötzlich einen eigenen Willen. Kaum bewegt man die Lippen, um zu sprechen, bewegen sich auch die Beine. Man tritt unwillkürlich auf der Stelle. Profis nennen diese Eigenheit der Amateure »Wurstnester treten«. Denken Sie bitte daran: Füße hebt man nur dann vom Boden, wenn man einen Ortswechsel durchführen will.

Unseren Körper haben wir nun im Griff; wir wissen, dass ein Sketch nicht nur aus Worten, sondern auch aus Bewegung, aus Handlung besteht. Aber wie verwendet man das, mit dem man im normalen Leben unbewusst umgeht, nämlich die Sprache? Es klingt banal, aber: Sprechen Sie natür-

lich, sprechen Sie so, wie Sie immer sprechen und bitte nicht so, wie Sie als Schüler Gedichte vorgetragen haben. Nicht umsonst gibt es den Begriff »Aufsagen«. Man darf den auswendig gelernten Text nicht aufsagen, man muss ihn so vortragen, dass er nicht gelernt wirkt. Verwenden Sie ruhig auch Mundarten. Ein Dialekt belebt oft die Darstellung und verhindert fast automatisch falsche Betonungen. Den Dialekt sollten Sie aber beherrschen. Mangelhaftes Imitieren wirkt peinlich.

Nun ist der Augenblick gekommen. Sie haben sich gut vorbereitet, genügend geprobt, die Requisiten kontrolliert, eventuell einen Auftrittsapplaus bekommen und beginnen mit dem Sketch. Die Situation, in der Sie sich nun befinden, ist merkwürdig anders als bei den Proben. Da ist jetzt das Publikum, Sie stehen im Mittelpunkt des Interesses. Die Menschen, die Sie unterhalten wollen, reagieren auf Ihr Tun, und auf die Reaktionen Ihres Publikums müssen nun Sie wiederum reagieren, denn das Publikum wird Geräusche von sich geben. Im Szenenapplaus geht Ihr Text unter, also dürfen Sie während des Zusammenschlagens vieler Hände nicht weitersprechen, Sie müssen aber weiterspielen, Mimik und Gestik dürfen nicht einfrieren. Gleiches gilt natürlich auch, wenn das Publikum lacht.

Rechnen Sie immer damit, dass während Ihres Spiels etwas Unvorhergesehenes passiert. Vielleicht werden Sie von einem Zuschauer angesprochen. Reagieren Sie ruhig darauf, wenn es die Szene erlaubt und Ihnen etwas einfällt. Denken Sie aber auch daran, Ihrem Partner anschließend das rich-

tige Stichwort für seinen Einsatz zu geben. Wenn Sie befürchten, den Faden zu verlieren, lassen Sie Einwürfe des Publikums lieber unbeantwortet.

Wenn Sie Technik einsetzen, zum Beispiel ein klingelndes Telefon, kann diese Technik versagen, auch dann, wenn sie eigentlich narrensicher ist. An einem Beispiel will ich Ihnen verdeutlichen, wie man den Ausfall der Technik meistern kann. Folgendes habe ich selbst erlebt. Auf meinem Tisch stand ein Telefon. Dieses Telefon sollte klingeln. Eigentlich war auch alles gut vorbereitet. Unter den Tisch hatte ich einen Druckschalter, der mit einer alten Türklingel verbunden war, geklebt. Die Batterie der Klingel, die ebenfalls unter den Tisch geklebt war, hatte ich kontrolliert. Nun saß ich also am Tisch und drückte mit dem Knie den Schalter, was die Klingel aber nicht zur Kenntnis nahm und still blieb. Auch ein zweiter Druck blieb erfolglos. Also habe ich mein Publikum freundlich angelächelt und gesagt: »Meine Damen, meine Herren, ich muss jetzt an Ihre Fantasie appellieren. Stellen Sie sich bitte vor, dass dieses Telefon gerade klingelt.« Dann habe ich eine kurze Zeit nichts getan, das Publikum wurde ein bisschen unruhig, bis ich dann sagte: »Vor dem dritten Klingeln nehme ich nie ab«, was die Gäste mit Lachen quittierten. Sie sehen, aus einer Panne kann man einen Gag machen.

Seien Sie sich beim Spiel immer dessen bewusst, dass Sie mehrere Dinge gleichzeitig tun müssen: Sie müssen den Text im Kopf reibungslos ablaufen lassen, gleichzeitig auf Hände und Füße achten, Reaktionen des Publikums beob-

achten und auf Unerwartetes vorbereitet sein. Das erfordert eine hohe Konzentration. Wenn Sie nach dem Auftritt schwitzen wie nach einem 100-Meter-Lauf, können Sie davon ausgehen, Ihr Bestes gegeben zu haben.

Autor und Verlag wünschen Ihnen viel Erfolg und vor allem viel Spaß bei der Vorbereitung und beim Spielen der Sketche.

AUS DER KLEINEN WELT: SKETCHE MIT KATRINCHEN

»Papa, darf ich mal was fragen?« Mit diesem Satz, den Papa als guter Vater widerwillig, aber doch freundlich mit »Frage ruhig, Katrinchen« beantwortet, beginnen die folgenden Sketche, in denen der Vater immer wieder aufs Glatteis geführt wird. Katrinchen beleuchtet ihre Probleme und Problemchen aus kindlicher Sicht, der der Erwachsene kaum folgen kann.

Katrinchen kann durchaus auch von einer erwachsenen Frau gespielt werden, und – das ist bei Sketchen selten – Katrinchen eignet sich hervorragend für szenische Lesungen.

Personen

AFRIKA MUSS ES SEIN

Katrinchen: Papa, darf ich mal was fragen?

Vater: **Frage ruhig, Katrinchen.**

Stimmt das, dass ich im Sommer ein Brüderchen kriege?

Vielleicht?

Weißt du das selbst nicht, Papa?

Ich weiß, dass du ein Geschwisterchen kriegst, aber das kann auch ein Schwesterchen sein.

Ach so, na ja, wenn es sein muss. *enttäuscht*

Möchtest du denn kein Schwesterchen?

Nö, lieber ein Brüderchen.

Und warum willst du kein Schwesterchen?

Ganz einfach, Papa, ein Mädchen bin ich schließlich selber.

Ach so.

Ja, und alle meine Freundinnen haben nur Schwesterchen, und ein paar haben auch gar keine Kinder, ein Schwesterchen ist nichts Besonderes. *(kurze Denkpause)* Du, Papa? *eifrig weiter*

Ja, Katrinchen?

Fährst du im Sommer mit uns nach Afrika? Katrinchen

Wohin?

Nach Afrika, Papa.

Warum willst du ausgerechnet nach Afrika?

Weil ich da noch nie gewesen bin.

Dann können wir auch nach München fahren, da warst du auch noch nicht.

Aber in München gibt es doch keine Löwen, Papa.

Doch, Katrinchen, im Zoo. **Vater**

Ach ja, stimmt ja, Papa, und der kleine Mann im Fernsehen hat auch gesagt, dass es in München auch welche auf dem Sportplatz gibt.

Na, siehst du, dann genügt ja doch München.

Nein, Papa, nach München will ich nicht, da ist mir das viel zu gefährlich. Ich will nach Afrika.

Da ist es aber noch viel gefährlicher.

Noch gefährlicher als in München? *ungläubig*
Hm. Na, macht nichts, ich will da trotzdem hin.

Katrinchen?

Ja, Papa?

Warum willst du ausgerechnet nach Afrika?

Nur so, Papa.

Katrinchen?

Wirklich, Papa.

Man will doch nicht nur so nach Afrika.

Katrinchen

Ich schon, Papa. *(kurze Denkpause)* Na ja, Papa, also, soll ich jetzt mal ganz ehrlich sein?

Bist du denn nicht immer ganz ehrlich?

Doch, Papa, aber soll ich jetzt mal ganz besonders ehrlich sein?

Na los.

Gut, Papa, weil du es bist.

Vater

Also dann, warum möchtest du ausgerechnet nach Afrika in Urlaub?

Ja, also, Papa, wenn ich schon vielleicht nur ein Schwesterchen kriegen soll, dann muss das doch wenigstens anders aussehen, als die Schwesterchen von den anderen Kindern. Und weil der Klapperstorch für die schwarzen Leute bestimmt nicht zu uns kommt, da müssen wir da eben hinfahren.

AUSTRALIEN

Katrinchen

Vater

Papa, darf ich mal was fragen?

Frage ruhig, Katrinchen.

Du hast doch einen Globus auf deinem Schreibtisch, oder?

Stimmt.

Und so, wie dein Globus aussieht, so sieht doch auch die Erde aus, oder?

Genau.

Und wir wohnen oben, oder?

Ja.

Und unten ist Australien?

Auch richtig.

Du, Papa?

Ja, Katrinchen?

Wollen wir da wirklich im Urlaub hin?

Ja, natürlich, da wollte ich immer schon mal hin. Und jetzt kann ich mir das endlich auch leisten.

Hm.

Freust du dich denn nicht?

Hm.

Aber Katrinchen, da gibt es zum Beispiel Kängurus.

Ach Papa, die gibt es im Zoo auch.

Und Wellensittiche, ganz große Schwärme Wellensittiche.

Wellensittiche habe ich selber.

Katrinchen, was ist? Du bist doch sonst immer gerne mit uns in Urlaub gefahren.

Hm.

Du wirst doch nicht etwa Angst vorm Fliegen haben?

Quatsch, Papa, da braucht man doch keine Angst haben.

Na siehst du.

Ich möchte aber doch lieber wieder nach Italien fahren?

Aber Katrinchen, was hast du denn nur? Australien ist wirklich ganz schön.

Kann ja sein, Papa, aber vier Wochen mit dem Kopf nach unten, da kriege ich ganz bestimmt Kopfweh.

DAS HOBBY

Katrinchen: Papa, darf ich mal was fragen?

Vater: **Frage ruhig, Katrinchen.**

Papa, was ist ein Hobby?

Ein Hobby? Ja, äh, das ist etwas, was man gerne tut.

Ist Geschirrspülen dein Hobby, Papa?

Nein, das würde ich so nicht sagen.

Und warum machst du das dann immer?

Na ja, einer muss Mama doch in der Küche helfen. Aber dafür bist du doch eigentlich auch schon groß genug, oder?

Kann schon sein, Papa, aber Geschirrspülen ist nicht mein Hobby.

Man muss aber manchmal auch etwas tun, was nicht sein Hobby ist, Katrinchen.

Alle Erwachsenen?

Ja.

Dann will ich nicht erwachsen werden. Papa?

Ja, Katrinchen?

Macht das Spaß, wenn du meine Fragen beantworten darfst?

Meistens schon.

Ist das dein Hobby? — Katrinchen

Das nun wieder auch nicht. Aber mal andersherum, macht es dir Spaß, mich zu fragen?

Das ist mein Hobby, Papa. Hast du auch ein Hobby?

Ja.

Ist Mama dein Hobby?

Nein, Katrinchen, Mama ist meine Frau. — **Vater**

Und nicht dein Hobby?

Nein.

Macht Mama dir denn keinen Spaß?

Doch, Katrinchen, aber so was nennt man nicht Hobby. Ein Hobby ist etwas, was einfach nur Spaß macht und was sonst aber unwichtig ist.

Mama ist doch nicht unwichtig, Papa. — *weint fast*

Natürlich nicht, und deshalb ist sie ja auch nicht mein Hobby.

Das verstehe ich zwar nicht, Papa, aber wenn meine Mama nicht dein Hobby ist, dann ist sie eben mein Hobby, ich habe meine Mama nämlich ganz lieb.

DER KRIEGT DA GELD FÜR

Katrinchen: Papa, darf ich mal was fragen?

Vater: **Frage ruhig, Katrinchen.**

Warum fahren wir nur einmal im Jahr in Urlaub?

Weil sonst unser Geld nicht reicht.

Muss man da Geld für bezahlen?

Natürlich.

Warum?

Warum nicht?

Aber Papa, der Bus fährt doch sowieso nach Italien, ob wir da nun mitfahren oder nicht.

Wenn du das sagst.

Ja, und da kann er uns doch umsonst mitnehmen, wenn er doch sowieso hinfährt.

Aber Katrinchen, das Reiseunternehmen muss doch den Bus kaufen.

Blödsinn, Papa, das Reiseunternehmen hat doch schon einen Bus.

Und wer bezahlt den Busfahrer?

Der Busfahrer kriegt da Geld für, dass er in Urlaub fahren darf?

Natürlich.

Und der muss gar nichts bezahlen, wenn er nach Italien fährt?

Natürlich nicht.

Dann bist du dumm, Papa.

Aber Katrinchen, warum soll ich dumm sein?

Weil du nicht Busfahrer geworden bist.

Katrinchen

Vater

Papa, darf ich mal was fragen?

Frage ruhig, Katrinchen.

Papa, gibt es den Supermann wirklich?

Aber nein, Katrinchen, der ist nur gezeichnet.

Das glaube ich nicht.

Wenn ich es dir doch sage.

Dann gibt es den Weihnachtsmann aber auch nicht.

Ach, und wer hat uns an Heiligabend besucht?

Siehst du, also gibt es den Supermann ja doch.

Aber Katrinchen, was hat denn der Weihnachtsmann mit Supermann zu tun?

Weißt du, wie viele Kinder es gibt, Papa?

Na ja, also genau weiß ich das nicht.

Ganz viele, in unserer Klasse sind fünfundzwanzig Kinder, und wir haben noch mehr Klassen in der Schule.

Und es gibt auch ganz viele Schulen, ich weiß.

Ja, und da sind überall Kinder drin, ganz viele Kinder.

Ja, das stimmt.

Und die sind fast alle ganz brav.

Meinst du?

Da gibt's bestimmt sogar welche, die sind fast so brav wie ich.

Donnerwetter.

Ja, und deswegen gibt es auch den Supermann.

Katrinchen, du liest zu viele Comics.

Aber Papa, das ist doch ganz logisch.

Das musst du mir jetzt aber mal erklären.

Guck mal, Papa, der Weihnachtsmann geht doch zu jedem braven Kind.

Sicher.

Und dafür hat er nur einen Tag Zeit.

Ja, den Heiligen Abend.

Papa, das schafft doch ein ganz normaler Weihnachtsmann gar nicht, und deswegen kann der Weihnachtsmann nur der verkleidete Supermann sein.

DER UNTERSCHIED

Katrinchen — Papa, darf ich mal was fragen?

Vater — **Frage ruhig, Katrinchen.**

Papa, was ist der Unterschied zwischen…

Katrinchen, dafür bist du noch zu jung.

Aber Papa, den Unterschied zwischen Mann und Frau kenne ich.

Aber Katrinchen!

Ich will lieber wissen, was der Unterschied zwischen dem Bundeskanzler und dem Bundespräsidenten ist.

Woher kennst du den Unterschied zwischen Mann und Frau?

Weiß ich nicht mehr.

Was heißt, das weißt du nicht mehr? Irgend jemand muss es dir doch gesagt haben.

Ach, Papa, das ist schon ganz lange her, das habe ich vergessen. Was ist der Unterschied zwischen dem Bundeskanzler und dem Bundespräsidenten, Papa?

Und ich will wissen, woher du den Unterschied zwischen Mann und Frau kennst.

Den hat mir mal jemand gesagt, aber du lenkst ab, Papa! Ich glaube, du weißt den Unterschied zwischen dem Bundeskanzler und dem Bundespräsidenten auch nicht.

Doch, Katrinchen, den Unterschied kenne ich.

Den zwischen Mann und Frau auch?

Katrinchen! *sehr vorwurfsvoll*

Sonst können wir tauschen. Du sagst mir den Unterschied zwischen dem Bundeskanzler und dem Bundespräsidenten, und dafür sage ich dir den Unterschied zwischen Mann und Frau.

Den will ich gar nicht wissen. **Vater**

Papa, ich glaube, da versäumst du was.

Immerhin haben deine Mutter und ich dich gekriegt.

Das kann Zufall sein. Erklärst du mir jetzt den Unterschied zwischen dem Bundeskanzler und dem Bundespräsidenten?

Nur, wenn du mir verrätst, wer ...

Dann eben nicht. *böse*

(Der Vater will erreichen, dass Katrinchen seine Frage beantwortet, und versucht, das durch übertriebene Gleichgültigkeit zu erreichen. Er liest Zeitung.) **Dann eben nicht.**

(Mit derselben Gleichgültigkeit, aber immer wieder ein kurzer Blick, ob die Drohung wirkt) Dann lerne ich eben nichts. *(Gesprächspause)* Dann muss ich ganz dumm bleiben. *(Gesprächspause)* Dann kriege ich bestimmt eine Fünf in der Schule. *(Gesprächspause)* Oder eine Sechs. *(Gesprächspause)* Und wenn mich später meine Tochter fragt, was der Unterschied zwischen dem Bundeskanzler und dem Bundespräsidenten ist, dann muss ich sagen: »Das ist ein ganz großes Geheimnis, Katrinchen, das hat dein dummer Opa schon nicht gewusst.« Katrinchen

Ich bin nicht dumm.

Entschuldige, ich wollte ja auch »stummer Opa« sagen.

Stumm bin ich auch nicht.

Aber du hast eben nichts gesagt, das ist gemein.

Also gut, du hast gewonnen. Der Bundeskanzler führt die Regierung, er ist zum Beispiel dafür zuständig, dass Gesetze gemacht werden. Und der Bundespräsident muss sie verkünden, das heißt, er muss sie unterschreiben und dem Volk bekannt machen. So, und jetzt bist du dran.

Dachte ich es mir doch, derselbe Unterschied, wie zwischen Mann und Frau. Die Mama bestimmt, was gemacht wird, und der Papa muss es den Kindern sagen.

DIE FRAU VON DEM MANN MIT DER GLATZE

Katrinchen — Papa, darf ich mal was fragen?

Vater — **Frage ruhig, Katrinchen.**

Kannst du dich noch an unseren letzten Urlaub erinnern?

Aber natürlich.

Auch an den Mann mit der Glatze?

Hmm.

Und an seine Frau auch?

Hmm.

Du, Papa?

Ja, Katrinchen?

Warum hat die sich beim Einsteigen immer vorgedrängelt?

Vielleicht, weil sie gerne im Bus sitzt und deswegen besonders lange drin sein wollte.

Und warum hat sie sich dann auch beim Aussteigen vorgedrängelt?

Da hatte sie wahrscheinlich gemerkt, dass es im Bus doch nicht so schön ist.

Das stimmt, Papa, die war ja auch sonst ziemlich dumm.

Wieso soll sie dumm gewesen sein?

Aber Papa, wenn man losfährt mit dem Bus und man hat seinen Koffer als Erster abgegeben, dann liegt der doch ganz hinten im Kofferraum. Und wenn man dann ankommt, dann nützt das gar nichts, wenn man sich immer vordrängelt.

So, so.

Katrinchen

Ja, Papa, und das hat die Frau von dem Mann mit der Glatze gar nicht gewusst. Die wollte nämlich ihren Koffer zuerst haben.

Ja, so Leute gibt es.

Und mein Rucksack stand ganz vorne, weil ich klug bin, Papa, ich hatte den nämlich ganz zuletzt abgegeben.

Vater

Das war aber wirklich klug, Katrinchen.

Ja, und da habe ich der Frau zwischen den Beinen durchgegriffen und mir meinen Rucksack genommen, weil sie nämlich im Weg stand. Und da hat sie gesagt, dass ich ein freches Gör bin und dass ich mich hinten anstellen soll wie alle anderen, und dann hat sie weiter gedrängelt und der alten Oma, die auch ihren Koffer haben wollte, auf den Fuß getreten, und ein anderer hat ihr die Handtasche runtergerissen.

Und?

Und die haben sich alle beide nicht entschuldigt. *(Gedankenpause)* Du, Papa?

Ja, Katrinchen?

Hast du wirklich keine Ahnung? Und die Mama auch nicht?

Wovon sollen wir denn keine Ahnung haben?

Davon, wie man Kinder erziehen muss. Das hat die Frau nämlich dann auch noch gesagt. Dass es Leute gibt, die noch nicht mal ihre Kinder erziehen können, und dass es so was zu ihrer Zeit bestimmt nicht gegeben hätte. Papa, und jetzt habe ich Angst.

Aber wovor denn, Katrinchen?

Davor, dass ihr vielleicht doch Ahnung von Kindererziehung habt, und dann werde ich genauso wie die Frau von dem Mann mit der Glatze.

DIE SALBUNG

Katrinchen — Papa, darf ich mal was fragen?

Vater — **Frage ruhig, Katrinchen.**

Papa, musste ich auch Windeln anziehen, als ich klein war?

Natürlich, aber die hast du dir nicht selbst anziehen müssen, das hat Mama gemacht.

Hast du da auch mal bei zugeguckt?

Natürlich.

Guckst du dir gerne nackige Mädchen an, Papa?

Naja, weißt du, du warst da ja noch ganz klein, und außerdem bist du ja auch meine Tochter.

Sehen fremde nackige Mädchen anders aus als eigene Töchter?

Das weiß ich gar nicht, Katrinchen, ich gucke mir ja keine fremden Mädchen an.

Ach so, ich glaube, die sehen bestimmt genauso aus. Hat Mama mir auch Salbe an den Popo geschmiert?

Ja.

Warum?

Das macht man, damit sich die kleinen Babys nicht wund liegen.

Wieso?

Vater

Das ist doch ganz einfach. Babys können noch nicht laufen oder stehen. Die liegen immer auf ihrem Popo, und dann scheuern die Windeln, und dann entzündet sich die Haut und wird rot und tut weh.

Und wenn man da Salbe drauf tut, dann passiert das nicht?

So ist es.

Papa?

Ja, Katrinchen?

Hat Mama Angst, dass sie sich das Gesicht wund liegt?

Wieso?

Weil sie sich da immer Salbe draufschmiert.

Bei Erwachsenen ist das anders.

Katrinchen

Ja? Ach ja, stimmt ja, Erwachsene liegen ja auch gar nicht den ganzen Tag auf dem Gesicht. Aber warum macht Mama das dann?

Das gehört bei Frauen zum Schminken dazu.

Als Klebe, damit die Farbe nicht runter fällt?

amüsiert

So ungefähr, ja.

Das ist praktisch, Papa, das mache ich auch, wenn ich groß bin.

Wieso ist das praktisch?

Da muss man sich nicht so oft waschen. Nur Männer müssen sich jeden Tag waschen, Frauen malen das einfach über.

Nein, nein, Katrinchen, auch Frauen müssen sich waschen. Das Schminken kommt nach dem Waschen.

Ehrlich? Frauen müssen sich trotzdem waschen, Papa?

Aber natürlich.

So was Blödes, warum malen die sich denn noch an, wenn sie sowieso schon sauber sind?

Vielleicht, weil sie schön sein wollen?

Wozu das denn?

Weil sie den Männern gefallen wollen.

Katrinchen

Den Männern gefallen? Wer will schon freiwillig den Männern gefallen?

Du ziehst doch manchmal auch dein hübsches Kleidchen an. Das tust du doch bestimmt, weil du den Jungens gefallen willst, oder?

So'n Quatsch, Papa! Jungens sind blöd. Warum soll ich denen gefallen? Außerdem merken die doch gar nicht, wenn ich mein schönes Kleid anhabe.

So, so.

Die gaffen bloß immer der blöden Manuela nach.

Ach, und das sollen sie nicht?

Nee! Oder, na ja, weißt du, Papa, das ist so, also eigentlich ist mir das ganz egal.

Wirklich?

Ja, Papa, Jungens sind blöd.

Vater

Na ja, dann.

Ja.

Und warum ziehst du dann so gerne dein hübsches Kleidchen an?

Das muss ich doch, sonst werden die anderen Mädchen doch nicht neidisch.

Ach darum.

Klar, Papa, und das ist bei Mama ganz genauso. Die malt sich immer dann an, wenn sie zum Kaffeekränzchen geht, und da sind nämlich nur Frauen.

Katrinchen

Vater

Papa, darf ich mal was fragen?

Frage ruhig, Katrinchen.

Papa, warum liest du eigentlich immer die Zeitung?

Damit ich weiß, was in der Welt passiert, Katrinchen.

Und wenn du nicht die Zeitung liest, dann weißt du nicht, was in der Welt passiert, Papa?

Nein, dann weiß ich das nicht. *(Gesprächspause)*

Papa?

Ja, Katrinchen?

Was passiert in der Welt?

Das ist ganz verschieden, Katrinchen. Da passiert jeden Tag etwas anderes.

Was passiert heute?

Das weiß ich nicht.

Aber du hast gesagt, dass du Zeitung liest, damit du weißt, was in der Welt passiert.

Aber da steht doch drin, was gestern passiert ist.

Ach so. *(Gesprächspause)* Papa?

Ja, Katrinchen?

Was ist gestern passiert?

Gestern hat der Bundeskanzler eine Rede gehalten.

Liest der Bundeskanzler auch jeden Tag die Zeitung?

Natürlich, Katrinchen.

Heute auch?

Sicher, das ist doch ganz wichtig.

So?

Ja, das braucht er zum Regieren.

Ach ja, stimmt. Wenn er heute nicht die Zeitung lesen würde, dann wüsste er ja gar nicht, dass er gestern eine Rede gehalten hat.

DIE HOCHZEIT

Katrinchen: Papa, darf ich mal was fragen?

Vater: **Frage ruhig, Katrinchen.**

Papa, ist unser Bundeskanzler verheiratet?

Ja, sicher.

Mit einer Frau?

Aber Katrinchen, das weißt du doch, Männer dürfen doch nur Frauen heiraten.

Aber Papa, du hast mir doch erklärt, dass unser Bundeskanzler die Gesetze macht. Da kann er sich doch eins machen, dass er einen Mann heiraten darf.

Und wenn er nun gar keinen Mann heiraten will?

Dann braucht er auch so ein Gesetz nicht machen.

Siehst du, Katrinchen, deshalb gibt es so ein Gesetz auch nicht.

Also wollte er eine Frau heiraten?

Ja, Katrinchen, ich glaube, das wollte er.

Warum weißt du das nicht?

Weil ich unseren Bundeskanzler nicht gut genug kenne. Vater

Wolltest du eine Frau heiraten, Papa?

Aber ich habe doch die Mama geheiratet.

Aber Papa, du hörst mir ja überhaupt nicht zu. Ich habe nicht gefragt, ob du Mama geheiratet hast, sondern ob du das wolltest.

Natürlich, Katrinchen, sonst hätte ich das ja nicht getan. ***(Gesprächspause)***

Papa?

Ja, Katrinchen?

Müssen Männer vor der Hochzeit nicht tun, was die Frauen wollen? Katrinchen

Natürlich nicht.

Der Bundeskanzler auch nicht?

Nein, der Bundeskanzler auch nicht.

Ach so, darum also.

Was darum, Katrinchen?

Darum hat er eine Frau geheiratet.

Das verstehe ich nicht.

Aber Papa, er hat doch geheiratet, weil ihm das zu anstrengend war, immer selbst zu wissen, wie er regieren muss.

GOLDENE HOCHZEIT

Katrinchen — Papa, darf ich mal was fragen?

Vater — **Frage ruhig, Katrinchen.**

Papa, stimmt das wirklich, dass mein Opa meine Oma vor fünfzig Jahren geheiratet hat?

Ja, das stimmt, und darum feiern wir ja heute auch ihre goldene Hochzeit.

Woher weißt du, dass das stimmt? Bist du dabei gewesen?

Nein, da war ich doch überhaupt noch nicht geboren.

Dann kannst du das gar nicht wissen. Dann war das vielleicht ganz anders.

Was soll denn da anders gewesen sein?

Vielleicht hat gar nicht mein Opa meine Oma geheiratet, vielleicht hat meine Oma ja auch meinen Opa geheiratet.

Das ist doch ganz egal. Jetzt sind sie jedenfalls seit fünfzig Jahren verheiratet.

Ja klar, Papa, aber wer hat Schuld?

Das verstehe ich jetzt nicht.

Aber Papa, wenn ich jemanden heiraten will, dann muss ich mir den doch schnappen.

Ach, du meinst, man müsste sich seinen Ehepartner fangen.

zustimmend — Mmh.

Vielleicht wollten aber ja alle beide heiraten.

Warum? Einer reicht doch.

Das glaube ich nicht.

Doch, Papa, der andere darf nur nicht nein sagen.

Ach so, und ich nehme an, du weißt auch, ob Oma Opa oder ob Opa Oma, wie hast du das gerade genannt, gefangen hat?

Klar, Papa, Opa hat Oma gefangen, der ist schließlich Angler, der weiß, wie man so was macht.

ICH WILL BUNDESKANZLER WERDEN

Papa, darf ich mal was fragen? — Katrinchen

Frage ruhig, Katrinchen. — **Vater**

Habe ich dir eigentlich schon mal gesagt, dass ich Bundeskanzler werden will, wenn ich groß bin?

Ja, ich glaube schon, ja.

Würdest du das gut finden, wenn ich Bundeskanzler wäre?

Das ist doch gar nicht die Frage, Katrinchen. Die Frage ist, ob du das gut finden würdest.

Klar, Papa, dann hätte Mama mir nichts mehr zu sagen, und ich müsste keinen Haferbrei mehr essen.

Na ja, wenn du das so siehst.

Du hättest dann übrigens auch nichts mehr zu sagen. Und Hausaufgaben müsste ich dann auch nicht mehr machen.

Als Bundeskanzlerin müsstest du aber bestimmt ganz viel mehr arbeiten als jetzt, Katrinchen.

Nö, Papa, das glaube ich nicht. Und um sieben ins Bettchen muss ich als Bundeskanzler auch nicht, weil ich ja um acht in die Nachrichten muss.

So.

Ja, da muss ich dann ganz wichtige Sachen sagen, und wenn die Zeit nicht reicht, dann muss ich um neun noch mal in die Nachrichten, und vielleicht um zehn auch noch mal.

Katrinchen, woher weißt du, dass um acht und um neun und um zehn Nachrichten im Fernsehen sind, wo du doch immer brav um sieben ins Bettchen gehst?

Ja, äh, weißt du, Papa, ich glaube, das stand in der Zeitung.

Du kannst doch noch gar nicht lesen.

Ach ja, stimmt.

Vater

Kann es sein, dass du gestern Abend, als Mama und ich im Kino waren, noch einmal aufgestanden bist?

Nein, Papa.

Wirklich nicht?

Katrinchen

Bitte, Papa.

Jetzt sei lieb und schwindele mich nicht an.

Ja, Papa, aber das ging doch nicht anders.

Doch, du hättest einfach brav in deinem Bettchen liegen bleiben können und schlafen.

Papa, du hast aber mal gesagt, dass man sich auf seinen Beruf vorbereiten muss. Und der Bundeskanzler kommt nur abends im Fernsehen.

Da hast du ja eine tolle Ausrede.

Bestimmt schläft der am Tag, damit er abends im Fernsehen nicht so müde aussieht.

Nein, bestimmt nicht, Katrinchen, tagsüber arbeitet ein Bundeskanzler.

Wann muss der Bundeskanzler aufstehen?

Ich weiß nicht, ziemlich früh, nehme ich an.

Kommt dann seine Mama und gibt ihm einen Kuss?

Nein, die Mama sicher nicht.

Wer sollte ihn denn sonst wohl küssen?

Katrinchen, das verstehst du noch nicht.

Ich will aber nicht von Fremden geküsst werden, auch nicht als Bundeskanzler.

Dann lass es einfach und werde nicht Bundeskanzler.

Mal sehen.

Warum willst du eigentlich unbedingt Bundeskanzlerin werden?

Weil ich dann ein Kabinett habe, Papa.

Ja und?

Weißt du das nicht mehr, Papa? Sonntag hast du mit Mama eine Flasche Wein getrunken, und da hast du zu Mama gesagt: Das ist ein Kabinett, das ist etwas ganz Gutes.

DIE MAUER

Papa, darf ich mal was fragen? — Katrinchen

Frage ruhig, Katrinchen. — **Vater**

Wenn ich dir was zeige, schimpfst du dann mit mir?

Was willst du mir denn zeigen?

Erst sagen, dass du nicht schimpfst.

Aber ich kann doch erst wissen, ob ich mit dir schimpfen muss, wenn ich weiß, was du angestellt hast.

Ich glaube, du findest das nicht so gut, was ich dir zeigen will, Papa.

Hm.

Versprichst du mir trotzdem, dass du nicht schimpfst?

Vater **Das kann ich dir leider nicht versprechen, Katrinchen.**

Dann kann ich es dir leider nicht zeigen, Papa.

Also gut, Katrinchen, ich schimpfe nicht mit dir. Also, was willst du mir zeigen?

(zieht ihren Vater hinter sich her von der Bühne) Komm mit. *(Katrinchen und der Vater treten sofort wieder auf, der Vater setzt sich schweigend. Katrinchen ist etwas ängstlich.)* Papa? *(der Vater schweigt)* Papa, warum sagst du denn nichts?

Weil ich dir versprochen habe, nicht zu schimpfen.

Möchtest du denn jetzt gerne schimpfen, Papa?

Ja, ich möchte jetzt gerne schimpfen!

Gott sei Dank …

Bitte?

Katrinchen Gott sei Dank hast du mir versprochen, dass du es nicht tust.

Wie kommt das Loch in die Wand?

Ich weiß nicht, wer das gemacht hat.

Quatsch, Katrinchen, so was weiß man doch.

Warum sollen Kinder was wissen, was nicht mal Erwachsene wissen? Und die sind sogar Politiker.

Wieso sollen Politiker auch wissen, wer das Loch in unsere Mauer gemacht hat?

Ach, Quatsch, Papa, vor fünfzehn Jahren …

Ach, das meinst du. Du, da hat es dich doch noch gar nicht gegeben.

Eben, Papa. Wenn es mich nämlich schon gegeben hätte, hätte ich ja gewusst, wer die Schuld hat, dass die Mauer in Berlin kaputt ist.

Na ja, das weiß man doch auch.

Und warum nimmt dann die Frau Merkel den Willy Brandt in Schutz und behauptet, dass der Helmut Kohl der Übeltäter war?

Ich glaube, Katrinchen, das hast du nicht ganz richtig verstanden, und woher weißt du eigentlich, wer Willy Brandt war?

Katrinchen

Ich habe doch das Bild in deinem klugen Buch gesehen, wo er auf Knien sitzt und sich die Hose dreckig macht. Da hat abends bestimmt seine Mama ganz doll mit ihm geschimpft.

Bestimmt nicht, Katrinchen.

Der hat da auf Knien gesessen und die Mauer beguckt. Bestimmt hat der schon überlegt, wie er da ein Loch rein kriegt.

Soll das heißen, dass du das Loch in unserer Mauer absichtlich gemacht hast?

Ich war das gar nicht, Papa. Wer hat denn nun die große Mauer kaputtgemacht?

Vater

So genau weiß ich das natürlich auch nicht.

Ach, dann ist es wohl am besten, wenn es der Willy Brandt war.

Wieso das denn?

Weil mit dem keiner mehr schimpfen kann.

Katrinchen, das ist genau andersherum, wer die Mauer beseitigt hat, hat ein gutes Werk getan.

Ach so? Hm. Sag mal, Papa, warum hast du eigentlich vorhin gesagt, dass man weiß, wer das gemacht hat, und gerade eben, dass du es so genau auch nicht weißt?

Habe ich das gesagt?

Das hast du gesagt, Papa.

Hm, na ja, also, nun ja, das Volk hat die Mauer niedergerissen.

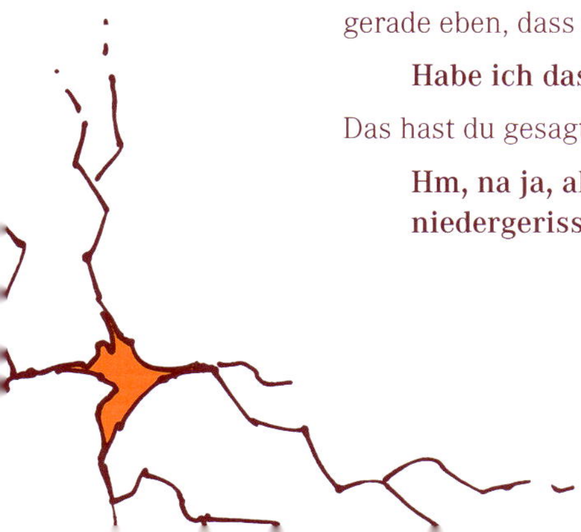

Ist ja klar, Papa, das hätte der Willy Brandt ja auch gar nicht alleine schaffen können.

Vater **Und der Helmut Kohl auch nicht.**

Ich verstehe bloß nicht, warum die eine ganze Mauer kaputt machen dürfen, und du regst dich über ein kleines Loch auf.

Weil ein ganzes Volk die Mauer nicht mehr haben wollte. Die haben damals demonstriert und gerufen: »Wir sind ein Volk.« Und dann wurde die Mauer kaputtgemacht.

Katrinchen Und keiner hat geschimpft?

Keiner.

Dann ist das so: Wenn nur einer was anstellt, dann wird geschimpft. Wenn viele was anstellen, dann nicht. Das finde ich gut, Papa.

Wieso?

Weil ich dann alle meine Freundinnen mitbringen kann, und wir sagen dann alle: »Wir sind ein Volk.« Und dann ist das Loch in unserer Mauer ein gutes Loch.

Nein, Katrinchen.

Und das Loch heißt dann volkseigenes Loch.

MISS KATRINCHEN

Katrinchen Papa, darf ich mal was fragen?

Vater **Frage ruhig, Katrinchen.**

Papa, was ist eine Misswahl?

Dafür bist du noch zu klein.

Nein, Papa, das ist für Kinder.

Quatsch.

Doch, ich kenne sogar eine Miss, und die ist für Kinder.

Welche Miss soll das denn wohl sein?

Miss Piggi. Aber was ist nun eine Misswahl?
Kann man Miss Piggi wählen?

Nein, Miss Piggi kann man nicht wählen. Vater

Wen denn ?

Den Bundeskanzler zum Beispiel.

Wenn man den Bundeskanzler wählt, ist das dann eine Misswahl?

Wie man's nimmt, für manche ja, für andere nicht.

Und dann nennt man den Bundeskanzler Miss Kanzler.

Also, so schlecht ist er nun auch wieder nicht.

Dann ist das auch keine Misswahl. Wer nämlich bei einer Misswahl gewählt wird, der heißt dann auch »Miss«.

Und weil »Miss« englisch ist und »Fräulein« heißt, kann der Bundeskanzler keine Miss sein.

Ach so.

Hast du das verstanden?

Klar, Papa, Frauen können nicht Bundeskanzler werden. Katrinchen

Doch, das können sie.

Ich auch?

Wenn du groß bist, ja. Willst du denn Bundeskanzlerin werden?

Ja, dann müssen mir nämlich alle gehorchen. *(kurze Pause)* Für dich wäre das dann natürlich nicht so gut.

Für Deutschland wahrscheinlich auch nicht.

Und warum nicht? Ich kann auch im Fernsehen sagen, dass du weniger Steuern bezahlen musst. *beleidigt*

Und wie willst du das dann anstellen, dass ich weniger Steuern bezahlen muss?

Kriege ich dann mehr Taschengeld, wenn du weniger Steuern bezahlen musst?

Als Bundeskanzlerin kriegst du überhaupt kein Taschengeld.

Im Ernst?

Natürlich.

Dann kann ich dir leider auch nicht beim Steuersparen helfen.

Das hast du mir aber doch im Fernsehen versprochen.

April, April, Papa. So ist das eben mit Bundeskanzlern.

MIT DEM BUS

Katrinchen — Papa, darf ich mal was fragen?

Vater — **Frage ruhig, Katrinchen.**

Fahren wir dieses Jahr auch wieder in Urlaub?

Ja, sicher.

Auch wieder mit dem Bus, wie letztes Jahr?

Mal sehen, vielleicht.

Wie denn sonst, Papa?

Na ja, mit der Eisenbahn oder mit dem Flugzeug.

Oder mit dem Auto?

Oder mit dem Auto.

Das ist blöd.

Warum denn das?

Weil das im Bus viel lustiger ist.

Lustiger?

Ja, Papa, besonders, wenn der Bus eine Panne hat.

Eine Panne findest du lustig?

Klar, Papa. Da kann man so viele schöne Schimpfwörter lernen.

NOTWENDIGKEIT FÜR JUNGENS

Katrinchen

Vater

Papa, darf ich mal was fragen?

Frage ruhig, Katrinchen.

Papa, wozu braucht man Jungens?

Gegenfrage, Katrinchen: Wozu braucht man Mädchen?

Aber Papa, das ist doch ganz klar, die braucht man doch zum Spielen.

Jungens nicht?

Papa, spielst du etwa lieber mit Jungens als mit Mädchen?

Na ja, also sieh mal, ich bin schließlich ein erwachsener Mann, und…

Jungens sind doch viel zu blöd zum Spielen.

Ich war aber auch mal ein Junge.

Wirklich?

Ja, natürlich.

Warst du da auch so blöd wie die Jungens in meiner Klasse?

Wie meinst du denn das?

Na ja, hast du auch immer die Mädchen geärgert?

Natürlich nicht.

Aber an den Zöpfen hast du bestimmt gezogen, Papa, das machen alle Jungens. Und bestimmt hast du sie auch mit Schneebällen beworfen.

Die Mädchen hatten früher keine Zöpfe.

Nein?

Nein, früher hatten sie Pferdeschwänze.

Da kann man auch dran ziehen.

Stimmt.

Also hast du sie an den Pferdeschwänzen gezogen, das ist gemein.

Vater **Weißt du, Katrinchen, das ist schon lange her. So genau weiß ich das gar nicht mehr.**

Das hast du ganz bestimmt gemacht, Papa, wirklich. Sonst bist du nämlich gar kein richtiger Junge gewesen.

Na gut, kann sein. Aber Mädchen sind ja nun auch nicht immer brav.

Doch, Papa.

Früher nicht.

Nein? Was haben die Mädchen denn früher gemacht?

Hm, sie haben uns Jungens zum Beispiel die Zunge gezeigt.

Katrinchen Sonst nichts? Aber so was tut doch nicht weh.

Und gepetzt haben sie auch.

Na, das mussten sie doch auch, wenn die Jungens sie geärgert haben.

Aha? Dann machst du so was auch?

Natürlich, Papa, das machen doch alle.

Na, dann darfst du dich aber auch nicht wundern, wenn die Jungens euch ärgern.

nach kurzer Pause Papa?

Ja, Katrinchen.

Waren alle Männer früher Jungens?

Natürlich, und alle Frauen waren früher mal Mädchen.

Papa, dann verstehe ich aber nicht, warum du Mama leiden magst.

Ja, weißt du, Katrinchen, wenn man älter wird ...

Ja, Papa? Was passiert, wenn man älter wird?

Na ja, wie soll ich dir das erklären? Also, wenn man älter wird ... Jedenfalls wirst du den Jungens dann die Zunge nicht mehr zeigen.

Wenn ich groß bin, dann mache ich das aber vielleicht doch wieder.

Bestimmt nicht.

Doch, Papa, genau so, wie gestern im Fernsehen.

Erwachsene strecken sich nicht die Zunge raus.

Papa, das habe ich ganz genau gesehen. Erst haben sie sich ganz fest in den Arm genommen, dann sind sie mit dem Gesicht ganz dicht zusammengekommen, und dann haben alle beide gegenseitig die Zunge rausgestreckt.

Ach so, das meinst du.

Ja, und die haben sich sogar mit den Zungen berührt, igittigitt, Papa, so frech will ich ganz bestimmt nie werden.

RENTE

Papa, darf ich mal was fragen? — Katrinchen

Frage ruhig, Katrinchen. — **Vater**

Papa, warum muss ich eigentlich nicht zur Arbeit gehen wie du?

Aber Katrinchen, du bist doch noch viel zu klein zum Arbeiten.

Dann muss man erst arbeiten, wenn man groß ist?

So ist es.

Dann will ich lieber nicht groß werden.

Das kann man sich nun mal nicht aussuchen.

Schade. *(Pause)* Du, Papa?

Ja, Katrinchen?

Ist Opa auch noch zu klein zum Arbeiten?

Vater

Aber nein, Opa hat doch früher viel gearbeitet.

Und warum arbeitet er jetzt nicht mehr?

Weil er jetzt Rentner ist.

Aha.

Weißt du denn schon, was ein Rentner ist?

Klar! Opa.

Ja, schon, aber weißt du auch, warum Opa Rentner ist?

Klar! Weil er nicht mehr arbeitet.

Ja.

Darf er nicht oder will er nicht?

Naja, beides, nehme ich an.

Und warum will er nicht arbeiten?

Vielleicht will er ja.

Katrinchen

Dann darf er also nicht. Das finde ich aber nicht gut.

Warum denn nicht? Wenn er gar nicht arbeiten muss, dann braucht er auch nicht früh aufstehen, kann jeden Tag spazieren gehen und kann immer machen, was er will.

Spazieren gehen ist blöd. Es wäre doch viel schöner, wenn er Geld verdienen würde, damit er mir ein Eis kaufen kann.

Aber das kann er doch trotzdem.

Nein, Papa, wenn Opa nicht arbeiten darf, kann er das nicht. Ich habe ja auch kein Geld, weil ich nicht arbeite.

Du kriegst doch Taschengeld.

Ach so, du gibst Opa auch Taschengeld?

Nein, Opa kriegt ja Rente.

Ach so, das Taschengeld für Opas heißt Rente. Das habe ich nicht gewusst, Papa.

Na ja, doch, so kann man das ruhig nennen.

Und wer gibt Opa das Taschengeld? Katrinchen

Clement.

Den kenne ich nicht.

Brauchst du auch noch nicht.

Und wo kriegt der Clement das Geld für Opa her?

Von Eichel.

Und wo kriegt Eichel das Geld für Clement her?

Kennst du denn den Eichel?

Nein, aber der Eichel ist richtig nett, wenn er Opa Taschengeld gibt. Papa, wo kriegt er das Geld her?

Na, von mir zum Beispiel.

Ja?

Ja.

Du gibst dem Eichel Taschengeld? Hast du den Eichel lieb?

Also: Erstens habe ich den Eichel nicht lieb, und zweitens kann man das, was er mir jeden Monat wegnimmt, bestimmt nicht als Taschengeld bezeichnen. Vater

Ach so, der nimmt dir viel Geld weg, damit er Opa ein bisschen Taschengeld geben kann. Dann ist er doch nicht nett.

Dir nimmt er übrigens auch Geld weg.

Nein, Papa, ich zähle jeden Abend, wenn ich ins Bettchen gehe, mein Geld. Da hat noch nie was gefehlt.

Der kommt ja auch nicht zu uns nach Hause. Der macht das ganz anders. Jedes Mal, wenn du dir ein Eis kaufst, dann kriegt der Eichel von deinem Geld etwas ab.

Oh, Papa, jetzt weiß ich, das habe ich im Fernsehen gesehen. Da sind drei große starke Männer gekommen und haben zum Eismann gesagt, dass sie ihn beschützen wollen, wenn er Geld dafür bezahlt. Und der Polizist hat gesagt, dass die von der Mafia sind. Was ist Mafia, Papa?

Vater

Das ist eine kriminelle Vereinigung.

Und warum kommt die Polizei nicht und sperrt den Eichel ein, wenn der vom Eismann Geld nimmt?

Weil der Eichel das darf.

Katrinchen

Der Eichel darf ein Verbrecher sein?

Aber nein, der Eichel ist doch kein Verbrecher, der ist Politiker.

Ach so.

Weißt du denn, was ein Politiker ist?

Klar! Eichel.

Nein, so meine ich das nicht. Ich meinte, ob du schon weißt, was Menschen tun müssen, damit sie Politiker sind.

Klar, Papa, die müssen anderen Menschen das Geld wegnehmen. Ich habe aber immer noch nicht verstanden, was der Unterschied zwischen Politiker und Verbrecher ist.

Oh, das ist einfach, Katrinchen. Verbrecher werden eingesperrt.

Und Politiker?

Kriegen eine Diätenerhöhung.

Ist das Geld oder was zum Essen?

Das ist Geld, Katrinchen. Mehr Geld, als ich verdiene.

Dann ist das doch gut, dann kann der Eichel meinem Opa doch mehr Taschengeld geben.

Das tut er aber nicht.

Nun weiß ich, warum Opas Taschengeld auch viel zu wenig ist. Genau wie meins, Papa.

SCHNEE IM SOMMER

Katrinchen

Vater

Papa, darf ich mal was fragen?

Frage ruhig, Katrinchen.

Papa, warum schneit es nur im Winter?

Wann sollte es denn wohl sonst schneien?

Aber Papa, es wäre doch viel schöner, wenn es im Sommer schneien würde.

Aber Katrinchen, was willst du denn im Sommer mit Schnee?

Wenn es im Sommer schneien würde, dann würde ich doch beim Schlittenfahren nicht frieren. Das wäre viel schöner.

Weißt du eigentlich, was Schnee ist, Katrinchen?

Schnee ist weiß, Papa.

Nein, ich meine, woraus er besteht.

Schnee besteht nur aus Schnee, aus sonst nichts.

Aber nein, Schnee besteht aus Wasser.

Aus Wasser? Aber Papa, dann würde der Schnee doch weglaufen.

Pass mal auf, Katrinchen, was passiert, wenn du Schnee in die Hand nimmst?

Dann schmilzt er.

Siehst du, und deshalb kann es ihn nicht im Sommer geben.

Das verstehe ich aber nicht, Papa.

Das ist doch ganz einfach.

Nein, Papa, wenn ich Schokolade in die Hand nehme, dann schmilzt die auch, und die gibt es trotzdem im Sommer.

Das ist doch ganz was anderes.

Warum denn? Es gibt auch weiße Schokolade, die ist fast so weiß wie Schnee.

Trotzdem kann es im Sommer keinen Schnee geben, Katrinchen.

Schade.

Es ist aber so.

Na ja, dann gibt es den Schnee eben nur im Winter.

Siehst du, jetzt hast du es verstanden.

Ja, Papa, aber eigentlich wäre es dann doch schön, wenn es im Winter genauso warm wäre wie im Sommer, oder?

SKLAVEN

Katrinchen — Papa, darf ich mal was fragen?

Vater — **Frage ruhig, Katrinchen.**

Papa, wir haben doch zwei erste Klassen in der Schule, oder?

Stimmt.

Und ich bin in der einen Klasse, und manche Kinder sind in der anderen Klasse.

So ist es.

Aber ein Junge aus der anderen Klasse kommt manchmal in der Pause zu uns, ist das ein V-Mann?

Das kommt ganz darauf an, was er bei euch will. *erheitert*
Vielleicht ist er ja nur Gast.

Können Gäste keine V-Männer sein?

Ja, doch, möglich wäre das schon.

Und ist ein V-Mann auch dann noch ein V-Mann, wenn jeder weiß, dass er ein V-Mann ist?

Katrinchen, weißt du denn überhaupt, was Vater
V-Mann heißt?

Nö, ich weiß bloß, dass keiner wissen soll, dass einV-Mann einer ist. Der soll bestimmt was Geheimes machen. Ob das bei dem Jungen aus der anderen Klasse auch so ist?

Das glaube ich nicht. Was macht er denn bei euch?

Das ist ja das Geheimnisvolle, Papa, der macht gar nichts. Katrinchen
Der steht bloß da und guckt blöd.

Und dann?

Dann haut er wieder ab, der soll bestimmt auskundschaften, was wir gerade spielen.

Na ja, das ist dann ja nicht so schlimm.

Aber Papa, der rennt doch gleich zu seiner Gruppe und *vorwurfsvoll*
erzählt, was wir spielen, der ist dann ein Spion!

Ach so, und die andere Gruppe soll nicht wissen, welches Spiel ihr spielt?

Natürlich nicht, Papa, wir erfinden unsere Spiele selber. Und dann darf sie auch kein anderer spielen, oder vielleicht nur dann, wenn wir das erlauben. Machen Erwachsene so was eigentlich auch, so spionieren, rauskriegen, welches Spiel die anderen spielen?

Ja, Katrinchen, das machen Erwachsene auch. Und das sind meistens ziemlich böse Spiele.

Katrinchen

Stimmt, Papa, das sind richtig schön böse Spiele. Ich bin dem Jungen mal nachgeschlichen, dann habe ich ihn erwischt und gefangen genommen, und dann musste er machen, was ich wollte. Ist das bei Erwachsenen auch so?

Was, dass der Mann tun muss, was die Frau sagt?

Nein, dass man V-Männer fängt, die dann gehorchen müssen.

Nein, wenn Spione gefangen werden, werden sie meist eingesperrt.

Das ist aber langweilig.

Wieso ist das langweilig?

Überleg doch mal, was soll ich denn mit einem Sklaven, der eingesperrt ist? Mit dem kann ich doch nichts anfangen.

Vater

Was würdest du denn mit einem Sklaven anfangen?

Ich glaube, das verrate ich lieber nicht.

Und warum nicht?

Ich weiß nicht, ob du das so gut finden würdest, Papa.

Würdest du ihn etwa verhauen? *(Katrinchen schüttelt mit scheuem Blick zum Papa den Kopf)* Würdest du ihm wehtun?

Auch nicht.

Etwa demütigen?

Was heißt demütigen, Papa?

Na ja, würdest du ihn vielleicht zu minderwertigen Arbeiten zwingen?

Genau, Papa, das ist es. Ich würde ihn meine Hausaufgaben machen lassen.

Katrinchen

Vater

Papa, darf ich mal was fragen?

Frage ruhig, Katrinchen.

Papa, warum fahren wir schon wieder in Urlaub?

Aber wir fahren doch jedes Jahr in Urlaub.

Eben, Papa. Warum?

Weil man sich einmal im Jahr von der Arbeit erholen muss.

Aber ich arbeite doch gar nicht.

Aber ich.

Und warum muss ich dann mitfahren?

Weil wir dich hier doch nicht alleine lassen können.

Mama arbeitet auch nicht, die kann doch bei mir bleiben.

Mama arbeitet doch! Sie kocht, sie putzt, sie spült das Geschirr, sie räumt auf. Hausarbeit ist auch Arbeit.

Dann arbeite ich auch, Papa. Ich muss jede Woche mein Zimmer aufräumen.

Siehst du, und deshalb hast du auch Urlaub verdient.

Ich will aber ja gar nicht in Urlaub fahren.

Aber warum denn nicht? Dabei lernt man so viel Neues kennen, andere Menschen …

Kannst du italienisch, Papa?

Nein, natürlich nicht, nur ein bisschen englisch.

Und warum fahren wir dann nach Italien und nicht nach England? Du kannst doch gar keine Italiener kennen lernen, weil du sie nicht verstehst.

Aber dafür ist es doch in Italien viel wärmer als in England, und es regnet da auch nicht so viel.

Schönes Wetter ist langweilig.

Vater

Wieso denn das? Bei schönem Wetter kann man zum Beispiel am Strand spielen.

Und zu Hause kann ich mit meinen Spielsachen spielen.

Man kann baden.

Und hier sind alle meine Freunde.

Erinnerst du dich nicht mehr an den kleinen Jungen vom letzten Mal, der immer »ciao, bella« gesagt hat?

Ja, Papa, aber der hat immer nur »ciao, bella« gesagt. Immer nur »ciao, bella«, sonst nichts. Mit dem kann man doch nicht spielen.

Katrinchen

Weißt du denn, was »ciao, bella« heißt?

Nö.

Das heißt »hallo, Schöne«.

Bin ich schön, Papa?

Er meinte das jedenfalls.

Und was meinst du?

Natürlich bist du schön.

Genauso schön wie Mama?

zustimmend

Hm.

Oder noch schöner als Mama?

Vielleicht.

Das sag ich Mama.

Was sagst du Mama?

Dass du sie nicht für die schönste Frau auf der Welt hältst. Das hört sie bestimmt nicht gern.

Aber Katrinchen, natürlich ist Mama die schönste Frau auf der Welt, sonst hätte ich sie doch nicht geheiratet.

Du hast gesagt, dass ich vielleicht schöner bin als Mama.

Aber du bist doch noch ein Kind.

Ach, und wenn ich groß bin, bin ich dann nicht mehr schöner als Mama?

Das kann man jetzt noch nicht wissen.

Ich will aber nicht hässlich werden.

Du, auch die zweitschönste Frau auf der Welt ist nicht unbedingt hässlich.

Na ja, stimmt ja. *(kurze Pause)* Du, Papa?

Ja, Katrinchen?

Warum hast du mich vorhin beschwindelt?

Wieso soll ich dich beschwindelt haben?

Du hast gesagt, dass du kein Italienisch kannst.

Aber ich kann wirklich nicht italienisch.

Und woher weißt du dann, was »ciao, bella« heißt?

WANN KLÄRST DU MICH AUF?

Katrinchen

Vater

Papa, darf ich mal was fragen?

Frage ruhig, Katrinchen.

Papa, warum hast du mich noch nicht aufgeklärt?

Bitte?

Warum du mich noch nicht aufgeklärt hast?

Worüber sollte ich dich aufklären, Katrinchen?

Papa! Wenn du mich nicht aufgeklärt hast, dann kann ich doch gar nicht wissen, worüber du mich noch nicht aufgeklärt hast, logisch?

Logisch.

Also, nun sag schon, warum nicht.

Warum sollte ich dich aufklären?

Weil alle Papas ihre Kinder aufklären müssen, Papa.

Wer sagt das denn?

So was weiß man doch. Jeder Papa muss sein Katrinchen aufklären.

Auch, wenn das Katrinchen von anderen Papas möglicherweise Bärbel heißt oder Marie?

Das weiß ich nicht, aber ich heiße ja auch Katrinchen.

Vater

Stimmt.

Und deshalb musst du mich jetzt aufklären.

Und du meinst, dass du da nicht vielleicht doch noch ein kleines bisschen zu klein bist?

Aber höchstens ein ganz kleines bisschen, Papa. Fang ruhig schon mal an. Bis du so weit bist, bin ich bestimmt groß genug.

So langsam bin ich ja nun auch wieder nicht.

Katrinchen

Doch, Papa, viel zu langsam. Der Papa von Manuela wäre bestimmt längst fertig mit der Aufklärerei.

Hm. Meinst du, dass Manuelas Papa Manuela schon aufgeklärt hat?

(zustimmend) Hm.

Und wie kommst du darauf?

Na ja, Papa, du weißt doch, dass in unserem Stadtpark so eine Figur steht.

Ja, das ist ein Denkmal, das soll Adonis darstellen.

Wie der heißt, ist doch ganz egal, aber der Adonis, der ist ganz nackig. Papa, der hat gar nichts an.

Na ja, Denkmäler dürfen das.

Weiß ich doch, Papa. Aber als wir vorhin da vorbeigegangen sind, weißt du, was da passiert ist?

Nein.

Da hat die Manuela überhaupt nicht hingeguckt.

Manuela ist eben gut erzogen, Katrinchen.

Quatsch, Papa. Weißt du, warum die da nicht hingeguckt hat?

Du wirst es mir bestimmt gleich sagen.

Weil sie nämlich wusste, wie das aussieht und was das ist.

Was?

Katrinchen

Papa, das weißt du selber, und das kann Manuela nur deswegen wissen, weil ihr Papa sie aufgeklärt hat.

Logisch.

Genau, Papa, und warum darf Manuela schon alles wissen und ich nicht?

Aber Katrinchen, du darfst doch auch alles wissen.

Au fein, Papa, dann klärst du mich also jetzt auf?

Du lässt ja wohl doch keine Ruhe, oder?

Nein, Papa, das tue ich nicht.

Vater

Also gut, dann pass auf. Die Natur hat alle Lebewesen so gemacht, dass sie nicht aussterben sollen.

Klar, Papa.

Unterbrich mich bitte nicht, ich muss mich konzentrieren.

Fällt es dir sonst nicht ein, wie das geht?

Doch, Katrinchen. Aber ich muss die richtigen Worte finden.

Ach so.

Ja, also, keine Art, Pflanzen oder Tiere, soll aussterben. Andererseits stirbt aber jedes Lebewesen irgendwann.

Ja.

Und wenn nun alle Kaninchen gestorben sind, dann würde es ja keine Kaninchen mehr geben. Dann wären die Kaninchen ausgestorben.

Das wäre aber schade, Papa.

Weil die so niedlich sind, oder?

Nö, weil die so gut schmecken.

Vater — **Ja, äh, das ist auch ein Grund. Und damit sie nun nicht aussterben, müssen sie sich vermehren.**

Ja, ist klar, aber langsam wird es langweilig. Können wir nicht endlich zur Sache kommen?

Äh, zu welcher Sache, Katrinchen?

Na ja, wenn das, was du mir gerade erzählst, die Aufklärung ist, dann kannst du aufhören. Dass sich Kaninchen vermehren, das wusste ich schon.

Weißt du denn auch, wie sie das machen?

Papa! Das müssen die Kaninchen wissen, aber nicht ich.

Dafür musst du aber doch wissen, wie Menschen das machen.

Katrinchen — Meinst du?

Ja, das sollte eigentlich jeder wissen.

Hm, na gut, sag's mir.

Jetzt?

Hm, wenn du willst.

Also, das Vermehren ist das Wichtigste auf der Welt.

Wichtiger als arbeiten gehen?

Ja.

Und warum gehst du dann jeden Tag zur Arbeit und vermehrst dich nur einmal im Jahr?

Öfter geht das nicht, Katrinchen. Frauen können nur ungefähr einmal im Jahr ein Kind kriegen.

Naja, Papa, wenn du das sagst.

Ja, öfter geht das nicht.

Alle Frauen?

Die meisten jedenfalls.

Und was hat das mit dir zu tun?

Bitte?

Wenn das Vermehren die wichtigste Sache der Welt ist, Papa, dann musst du eben mehrere Frauen nehmen.

Katrinchen, ich glaube, du bist doch noch zu klein zum Aufklären.

Ja, Papa, das glaube ich auch.

Na gut, dann wollen wir das für heute lassen.

Meinst du, dass ich irgendwann mal groß genug bin, dass ich das verstehe, Papa? Katrinchen

Bestimmt.

Also, jetzt verstehe ich das überhaupt noch nicht.

Tja.

Papa, ich begreif das einfach nicht.

Das sagtest du schon. **Vater**

Ehrlich, Papa. Das kann man doch auch gar nicht verstehen.

Irgendwann schon.

Glaube ich nicht.

Doch, das verspreche ich dir.

Ehrenwort?

Ja.

Schwörst du mir das?

Meinetwegen.

Also gut, Papa, und wenn du mir erklärst, warum du mit einer einzigen Frau zufrieden bist, darf ich dann meine Freundinnen alle mitbringen?

AUS DER GROSSEN WELT: SKETCHE UMS WELTGESCHEHEN

Wenn ein Sketch unterhält und zum Lachen anregt, dann ist er ein guter Sketch. Wenn er aber dazu noch einen Hintergrund hat, der zum Nachdenken anregt, dann ist er ein besserer Sketch. Im zweiten Abschnitt lachen Sie über die Politik, die Wissenschaft, die Gesellschaft und den Rest der Welt.

DIE UNTERSUCHUNG

Personen

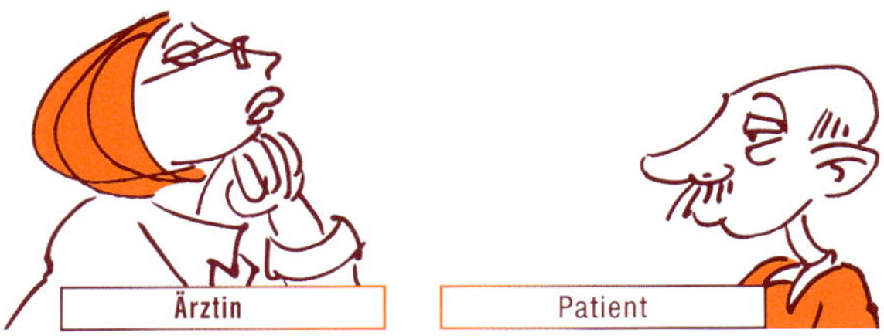

Eingangsszene: Die Ärztin sitzt an ihrem Schreibtisch und blättert in Unterlagen. Der Patient kommt etwas beklommen herein.

Patient Guten Tag, Frau Doktor.

Ärztin ***(ohne aufzusehen, routiniert geschäftsmäßig: Der Patient ist schließlich nur ein Fall, die Nummer eines Gutachtens)*** **Waren Sie bei der Röntgenuntersuchung?**

Ja, Frau Doktor.

Haben Sie Ihre Urinprobe abgegeben?

Ja, Frau Doktor.

Blutprobe?

Ja, Frau Doktor.

***(nimmt jetzt den Patienten als Person zur Kenntnis)* Sehr gut, mein Lieber, sehr gut, dann müssen die Befunde ja da sein, nicht wahr. Dann schauen wir mal.**

Ja, bitte, wie geht es mir?

Gemach, gemach, trinken Sie? Ärztin

Wie bitte?

Konsumieren Sie Alkohol?

Aber selbstverständlich. Regelmäßig!

***(wird zunehmend freundlicher, der »vernünftige« Lebenswandel des Patienten wird mit anerkennenden Blicken belohnt)* Gut, gut, aber wie steht es mit Ihren Essgewohnheiten?**

(seine Selbstzufriedenheit nimmt zu, er sonnt sich in den anerkennenden Blicken der Ärztin) Bestens, Frau Doktor, bestens, viel Fett und wenig Kakao, wie man so schön sagt.

Obst, Gemüse, Milch?

Aber nein, wo denken Sie hin, Frau Doktor! Patient

Gut, sehr schön. Rauchen Sie?

Aber selbstverständlich, Frau Doktor. Mindestens zwei Schachteln am Tag.

Sie sind ein vernünftiger Mensch. Treiben Sie Sport?

Nur vor dem Fernseher als Zuschauer, typischer Schlappensportler bin ich. Manchmal dann noch einarmiges Reißen in der Halbliter-Klasse. *(im Folgenden sagen beider Blicke mehr aus als der Text)*

Hmmmm… Ja, wie sieht es denn mit Ihren sexuellen Aktivitäten aus?

Aber Frau Doktor, ich bitte Sie.

Sie brauchen sich nicht zu genieren. Die Frage stelle ich aus rein medizinischem Interesse.

Patient

Ach so. *(betrachtet die Ärztin, läuft Gefahr, seinem Prinzip der völligen Abstinenz untreu zu werden)* Äh, ja, wissen Sie, das ist … also …

Also?

(hat sich wieder im Griff, selbstbewusst) Völlig abstinent, Frau Doktor, völlig abstinent, ich sehe mir nicht einmal entsprechende Bilder in der Zeitung an.

Schade.

Bitte?

Äh, Verzeihung. *(wieder geschäftsmäßig)* Und warum nicht, wollte ich fragen.

Sex ist Sport, das ist doch viel zu gesund!

Richtig, richtig, und dennoch …

(wieder beklommen wie zu Anfang) Was ist, Frau Doktor, steht's so schlimm?

Ärztin

Viel Hoffnung kann ich Ihnen nicht mehr machen.

Um Gottes Willen, nun sagen Sie schon.

Nun, wenn ich mir Ihre Befunde so anschaue, dann lässt das nur den einen Schluss zu.

Frau Doktor, ich kann die Wahrheit vertragen, sagen Sie sie mir schonungslos.

Nun gut, mein Lieber, dann will ich's kurz machen: Sie sind völlig gesund.

Oh Gott!

Mehr noch, Ihre Lebenserwartung erscheint überdurchschnittlich. So leid es mir tut, ich muss Ihnen ein Lebenserwartungs-Attest über 82 Jahre geben.

Und ich hatte so gehofft, durch meinen Lebenswandel eine Lebenserwartungssteuer-ermäßigung erreichen zu können.

Personen: A und B (zwei Männer)

Alle wollen mein Bestes, mein Lieber, mein Bestes! Person A

Dein Allerbestes? **Person B**

Mein Allerbestes!

Wer?

Alle! Am meisten zum Beispiel die Krankenkassen und das Finanzamt.

Jetzt weiß ich, die wollen dein Geld!

Richtig! Und dann gibt's Leute, die wollen, dass die Krankenkassen auch für das Bier was kriegen sollen, und für die Zigaretten auch.

Und wer soll das bezahlen? Ich etwa?

Nein, das kann doch keiner kontrollieren, ob du rauchst oder säufst.

Doch, meine Frau kann das.

Quatsch, Mensch. Keiner von der Obrigkeit kann das kontrollieren.

Was glaubst du, was meine Frau ist? Die ist die Obrigkeit und die kann das.

Die arbeitet aber nicht bei der Krankenkasse.

Das stimmt.

Siehst du, und darum sollst du das nicht bezahlen, sondern die Brauereien und Herr Reemtsma.

Aha, und dann wird das Bier teurer und die Zigaretten auch.

Also wollen die Krankenkassen mein Bestes, mein Geld.

Und was ist mit der Rentenversicherung? Was sagen die Leute dazu?

Wieso Rentenversicherung? Da sagen die nichts dazu.

Das ist aber verkehrt. Die Rentenversicherung spart doch am Rauchen und Saufen. Die müssen doch für Raucher viel weniger bezahlen, statistisch, meine ich.

Person A

Stimmt, dann sollen das doch die Rentenversicherungen den Krankenversicherungen geben, das ist Gerechtigkeit.

Ja, und dann muss das Bier auch nicht teurer werden, und die Zigaretten auch nicht.

Sag mal, was sagen eigentlich die Ärzte dazu?

Die sind bestimmt dafür.

Alle?

Nein, alle vielleicht nicht, aber das ist vernünftig, jedenfalls für Ärzte!

Weil die an's Geld denken, an das Geld für die Krankenkassen.

Vielleicht haben sie Angst, dass die Krankenkassen sonst ihre Rechnungen nicht mehr bezahlen können.

Das ist ja Besitzstandswahrung mit volkswirtschaftlicher Gerechtigkeitsmogelei.

Person B

Nein, das Geld ist doch für die Ärzte ganz egal. Ist doch so: Ob das Geld von den Brauereien oder von der Rentenkasse kommt, das ist doch piepe, Hauptsache ist, dass überhaupt welches da ist. Wenn es aber um's Sparen geht, dann muss man das ganz anders machen.

Ja?

Ja, sicher.

Wie denn?

Guck mal, die Menschen werden immer älter. Was das kostet! Wir müssen die Renten bezahlen für die vielen alten Leute und wer ist Schuld?

Weiß ich nicht.

Die Ärzte sind Schuld.

Ja, die Ärzte sind Schuld. Aber ich gönne den alten Leuten das lange Leben, ich will ja auch mal alt werden.

Person A

Stimmt, aber ich kann das nicht leiden, wenn Leute über das Geld von anderen reden. Schon gar nicht, wenn das um bestimmte Gruppen von anderen geht.

Nein.

Auch dann nicht, wenn das Ärzte sind.

Nein, gerade dann nicht! Wenn Ärzte sparen wollen, dann müssen die ihr Berufsziel ändern.

Wie meinst du denn das?

Dann müssen die das wieder so machen wie früher. Die dürfen dann nicht mehr lebensverlängernd arbeiten, sondern arbeitskrafterhaltend.

Wo ist denn da der Unterschied?

Person B

Beim Geld.

Ja?

Ja, beim Geld der Versicherungen. Wenn die Ärzte wieder arbeitskrafterhaltend arbeiten, dann muss nicht so viel Krankengeld bezahlt werden, und wenn die Ärzte wieder aufhören, lebensverlängernd zu arbeiten, dann muss nicht mehr so viel Rente bezahlt werden.

Donnerwetter, das war aber ein schwerer Satz.

Ja, nicht? Wiederhole ihn doch mal.

Kann ich nicht, aber den Sinn kriege ich hin: Wer sparen will, der muss nur dafür sorgen, dass die Leute wieder leben, um zu arbeiten, und nicht arbeiten, um zu leben.

DIE EIER DES DAMOKLES

Personen: Patentanwalt und Klientin

Klientin Guten Tag, bin ich bei Ihnen richtig, wenn ich ein Patent anmelden möchte?

Patentanwalt **Ja, da sind Sie richtig. Nehmen Sie bitte Platz.**

Ja, also ich möchte dieses Ei patentieren lassen.

Bitte, was möchten Sie?

Dieses Ei patentieren lassen.

Wozu? So ein Ei kann jedes Huhn legen.

Haben Sie sich das Ei schon einmal genau angesehen? Ganz genau, meine ich?

Nein.

Dann sollten Sie das jetzt einmal tun. Was sehen Sie?

Ein weißes Ei, ganz offensichtlich ein Hühnerei. Wollen Sie das eigentlich als Rührei oder als Spiegelei patentiert haben?

Von wegen, das ist ein Saurierei, ein Ei, aus dem ein Dino schlüpft. Das ist nichts zum Essen.

Haben Sie es schon in der Nervenklinik versucht?

Bitte? Was soll ich mit meinem Ei in der Nervenklinik?

Da wohnt sicher der eine oder andere Kollege von mir, der Ihnen die Geschichte abkauft. Wo haben Sie das Ei denn Ihrer Meinung nach her?

Ich habe es mir selber gemacht.

So, so, selber gemacht. Und wie macht man das?

Gentechnik, mein Lieber.

Wollen Sie damit behaupten, dass Sie…

Natürlich! Seit letzten Mittwoch gibt es dieses Saurierei, selbstverständlich befruchtet.

Und ich soll Ihr…

Saurierei patentieren, jawohl.

Und was soll der genaue Inhalt des Patents sein?

Patentanwalt

Zunächst nur das Ei. Wissen Sie, ich möchte die Philosophie vor einem weiteren unlösbaren Rätsel bewahren.

Ach, und um welches?

Sie kennen die Frage: Was war zuerst da, das Huhn oder das Ei?

Ja sicher. – Ach so, Sie meinen …

Genau, wenn Sie jetzt einen Datumsstempel auf meinen Antrag machen, dann ist diese Frage für die Saurier ein für alle Mal amtlich beantwortet. Zuerst war das Ei.

Das mich mit Unbehagen erfüllt. Es wird ja wohl kein Ei bleiben.

Klientin

Richtig, wie ich bereits sagte, es wird ein Saurier schlüpfen.

Eben drum. Erkennen Sie denn den tieferen Sinn der Evolution nicht? Die Saurier sind ausgestorben!

Waren ausgestorben, bitte. Wie ich bereits sagte: Seit letzten Mittwoch …

Und sie müssen auch ausgestorben bleiben.

Angst?

Ach Unsinn, sie passen nur nicht zum derzeitigen Stand der Evolution. Sie befinden sich auf dem Müllhaufen der Erdgeschichte, und da gehören sie auch hin. Ihr Ei ist genetischer Müll.

Klientin O nein, mein Ei ist genetischer Wertstoff!

Genie und Wahnsinn liegen eng beieinander, über das Stadium des Genies sind Sie offensichtlich hinaus.

Werden Sie bitte nicht beleidigend. Dieses Ei wurde von mir aus dem genetischen Müll der Evolution recycelt, und was recycelt werden kann, ist Wertstoff.

Patentanwalt **Sie brauchen es ja meinetwegen auch nicht in die Restmülltonne werfen. Sie können es von mir aus kompostieren, patentieren werde ich es jedenfalls nicht! Man kann nämlich nur das patentieren, was völlig neu ist, und Saurier sind Gott sei Dank uralt.**

(schlägt das Ei auf) Dann sterben die Saurier eben schon kurz vor Vollendung ihrer Wiedererschaffung zum zweiten Mal aus. Aber gut, kommen wir nun zu meinem zweiten Anliegen … *(zieht ein mit einer Flüssigkeit gefülltes verkorktes Reagenzglas aus der Tasche)*

***(sehr skeptisch)* Was ist da drin?**

Ich.

***(resignierend)* Sie.**

Ja, ich, so ungefähr dreitausendmal ich. Natürlich in einem sehr frühen Stadium, das sind Embryonen aus meiner Erbmasse, vergleichbar mit befruchteten Eiern. Die habe ich mir geklont, und wenn Sie mir erlauben, Ihnen eine Blutprobe zu …

Kommt nicht in Frage.

Wäre bei Ihnen auch problematisch, Sie sind männlich.

Ach, heißt das, dass man männliche Embryonen nicht klonen kann?

Doch, natürlich, aber Sie müssten eine Frau finden, die Sie austrägt, also genau genommen Ihren Klon. Ich als Frau kann mich selbst reproduzieren, und das geht bis in die Unendlichkeit. Alle meine Nachkommen bin ich selbst.

Das ist ja entsetzlich! Patentanwalt

Aber wieso denn? Ich jedenfalls mag mich und empfinde meine ewige Anwesenheit als Bereicherung für die Erde. Mein Verfahren hat natürlich noch eine kleine Schwäche, sehen Sie, für die Ewigkeit ist die permanente Wiederauferstehung nötig.

Na und?

Ja, verstehen Sie denn nicht? Der Lernprozess muss jedes Mal wiederholt werden! Die Weisheit des Alters ist nicht vererbbar. Klientin

Daran leidet die Menschheit seit ewigen Zeiten, aber warum erzählen Sie mir das alles?

Weil Sie dieses Verfahren zum Patent anmelden müssen, denn es ist ganz neu! Es ist mir gelungen, die Männer überflüssig zu machen.

DER EXHIBITIONIST

Personen: Richter und Zeugin

Was werfen Sie denn nun dem Angeklagten vor? Richter

Ich habe den Angeklagten nackt gesehen. Zeugin

So.

Ja, so wahr ich hier sitze, Herr Richter.

Sie behaupten also, der hier anwesende Angeklagte hätte sich Ihnen in exhibitionistischer Absicht in unbekleidetem Zustand genähert.

Was hat der?

Er hat sich Ihnen in exhibitionistischer Absicht…

Was ist das denn?

Mit anderen Worten: Er wollte, dass Sie ihn so sehen.

Warum soll er sich sonst wohl ausziehen?

Hat er dabei irgendeine Handlung ausgeführt?

Zeugin

Was meinen Sie damit, Herr Richter?

Nun, äh, wollte er durch sein Verhalten, wie soll ich sagen, eine Wirkung auf Sie erzielen?

Ob er das wollte, ist mir egal, Herr Richter, er hat.

Das müssten Sie dem Gericht bitte etwas genauer erzählen.

Ich wäre beinahe vom Stuhl gefallen.

Weil Sie sich erregt fühlten?

Nein, weil ich mich erschrocken habe.

Und weil Sie Ihre weibliche Würde verletzt fühlten?

Richtig, richtig beleidigt habe ich mich gefühlt.

Dann beschreiben Sie die Szene bitte mal etwas genauer.

Das geht nicht, Herr Richter.

Richter

Und warum nicht? Sie brauchen sich vor dem hohen Gericht nicht zu genieren.

Nein, aber wenn ich den Angeklagten hier beschreiben soll, dann ist er beleidigt.

Bitte?

Na, gucken Sie sich den Mann doch mal an, er sitzt ja hier.

Aber sittlich bekleidet.

Können Sie sich den nicht nackt vorstellen? Seinen viel zu dicken Bauch zum Beispiel?

Soll das heißen, wenn er schlanker wäre …

Und jünger, ja, dann hätte er bei mir mildernde Umstände gekriegt.

Also schön, Sie sind dann vom Stuhl heruntergestiegen.

Nein, dann hätte ich ihn ja nicht mehr gesehen.

Moment mal, Sie konnten ihn nur sehen, wenn Sie auf einem Stuhl standen? Richter

Stimmt, sonst kann ich nicht in sein Fenster gucken.

Wie wäre es, wenn Sie dann einfach in Zukunft nicht mehr auf den Stuhl steigen?

Und wer putzt dann meine Fenster? Zeugin

Außerdem sind Stühle viel zu gefährlich, Sie sollten zum Fensterputzen besser eine Leiter nehmen.

Das ist eine gute Idee, danke für den Tipp.

REDAKTIONSSITZUNG

Personen: Chefredakteur/in und Lokalredakteur/in

Damit ist der Regionalteil soweit erledigt. Für einen Leserbrief haben wir noch Platz. Chefredakteur/in

Das ist gut, ich habe da gerade einen bekommen. Lokalredakteur/in

Und worum geht's? Lobt man mich?

Nö, um dich geht es in dem Brief gar nicht.

Haben wir denn keinen anderen?

Doch, aber da geht es auch nicht um dich.

Irgendwie ist das heute nicht mein Tag. Also gut, lies den Brief vor.

Der reimt sich.

Lies trotzdem.

Lokalredakteur/in Ok. *(beginnt zu lesen, geht dann aber in freien Vortrag über)*

Ein Gast, und darum auch ein Zecher,
denkt nach dem zweiten vollen Becher,
dass noch ein dritter wär' zu viel
und er nur noch ein Achtel will.
Und so bestellt er guter Dinge,
dass man ihm ein solches bringe.
Doch hat er in der Sommernacht
die Rechnung ohne Wirt gemacht.
Im Garten, lässt der Wirt ihm sagen,
werden keine Achtel aufgetragen.
Für so ein Pfützchen, sagt er knapp,
rennt keiner sich die Füße ab.
Service-Leistung hier und dort
ist scheinbar doch ein fremdes Wort.
Das meiste Geld, sollte man meinen,
erbringen überall die Kleinen,
weil diese, das weiß jedes Kind,
auch überall die meisten sind.
Der frustrierte Gast wie jener
geht wieder hin zum Italiener,
dem die Mühe wenig dünkt,
wenn er's Glas nach draußen bringt,
weil er dabei nicht vergisst:
Kleines Vieh macht auch viel Mist.
Charlotte Kurth

Chefredakteur/in War's das?

Das war's.

Schönes Gedicht.

Ja, das finde ich auch. Ich lasse ihn dann setzen.

Oh nein, du schickst ihn zurück.

erstaunt **Wie?**

Na, wie immer, Stempel drauf, Begleitschreiben, Briefmarke.

Das weiß ich selber. Warum soll ich ihn zurückschicken?

Weil er gut ist.

Eben.

Weil er zu gut ist.

Ja, stimmt, die Frau schreibt besser als du.

Na ja, so gut ist er nun wieder auch nicht. Nein, das Problem ist, dass dieses Gedicht satirisch ist. Chefredakteur/in

Und weil du von Satire nichts verstehst …

Ich finde ihn schließlich gut, oder? Wir können einen solchen Leserbrief unseren Lesern nicht zumuten.

Sag mal, hältst du unsere Leser für dumm? Lokalredakteur/in

Nö, insbesondere die Schreiberin nicht, und das ist gefährlich. Deshalb musst du sie jetzt für dumm verkaufen. Schreib ihr einfach, dass wir keinen Platz haben.

Haben wir aber doch.

Mach das Bild vom vergifteten Dackel größer, dann haben wir keinen mehr.

Aber der Dackel ist doch nun wirklich nicht so wichtig.

Stimmt. Aber gefährlich ist er auch nicht. Stell dir mal vor, die Gastwirte der Region lesen den Brief.

Ja.

Was, ja?

Ich stelle es mir vor.

Und?

Sie lesen ihn.

Sie werden empört sein.

Die italienischen nicht.

Und die deutschen schalten bei uns keine Anzeigen mehr. Dazu kommt noch, dass wir bei unseren Lesern ein rechtes Potenzial von über zehn Prozent haben, da können wir uns ausländerfreundliche Leserbriefe nicht leisten.

Lokalredakteur/in

Weil zehn Prozent der Leser das Abo kündigen würden?

Willst du's ausschließen?

Na, ich weiß nicht.

Überleg mal: Weniger Abonnenten, daraus folgt geringere Auflage, daraus folgt niedrigerer Anzeigenpreis.

Und keine Anzeigen mehr von deutschen Gastronomen.

Daraus folgt neue Armut des Verlages, daraus folgt, dass Redakteure entlassen werden müssen, zum Beispiel du.

Warum ich?

Chefredakteur/in

Weil du dran Schuld wärst. Du wolltest den Brief veröffentlichen.

Ich hatte doch keine Ahnung, welch fatale Folgen so ein Leserbrief haben kann.

Dieser einzelne Brief hätte diese Folgen auch nicht, aber trotzdem, er ist gefährlich.

Du sagtest es schon, weil er satirisch ist.

Richtig, und was macht Satire? Sie fördert die Kritikfähigkeit.

Um Gottes Willen, nur noch kritikfähige Leser! Schrecklich. Ich meine, mir würde das ja nichts ausmachen, aber dich würde dann ja überhaupt niemand mehr loben.

Ja, kritikfähige Leser wären der Tod unserer Zeitung.

Jetzt lass mal den Blödsinn. Was ist eigentlich der wirkliche Grund, dass du im Freien keine Achtele serviert kriegen willst?

Personen: A und B (zwei Männer oder zwei Frauen oder ein Mann und eine Frau …)

Person A

Na? Mit deinen Zähnen noch zufrieden? Beißen sie noch? Ja? Da musst du jetzt ein bisschen schonend mit umgehen, gell. Und deine Brille? Auch nicht mehr der letzte modische Schrei, nicht wahr? Übrigens: Selbst gewachsen oder selbst bezahlt? Na, deine Zähne. Du solltest einkaufen gehen. Brillen, Stiftzähne, Brücken, Vollprothesen jetzt noch zu Diskontpreisen. Bald ist der Sozialschlussverkauf zu Ende! Bald schlägt die soziale Gerechtigkeit gnadenlos zu! Wir stehen am Rande des sozialen Abgrunds. Nach der nächsten Sozialreform werden wir dann einen großen Schritt weiter sein. Die Reformation nimmt ihren Lauf. Renten-, Steuer-, Krankenreform!

Person B

Das heißt Gesundheitsreform.

Bei kranken Kassen? Krankenkassen heißen Krankenkassen, weil die Kassen krank sind.

Überredet.

So, und wenn du jetzt in Rente gehst, dann sorgt die Rentenreform dafür, dass du dir die Krankenreform nicht mehr leisten kannst.

Aha, und deswegen soll ich mir jetzt schnell noch Brillen, Stiftzähne, Brücken und Vollprothesen kaufen.

Genau. Wenn wir dann das Ganze durch die Reformationsbrille sehen, dann …

Reformationsbrille? Was ist das denn?

Das ist das Kassenmodell der Gesundheitsministerin, durchsichtig wie die Argumente des Finanzministers. So eine Brille kann man selber machen.

Ach.

Man nimmt einen halben Meter Lötdraht, formt ein Gestell und setzt die Gläser in Tiffanytechnik ein, dann reicht der Zuschuss von der Krankenkasse und bei der nächsten Ausstellung der Hobbykünstler kann man seine Brille als Kunstwerk ausstellen. Wenn man die Reformation nun also durch diese Brille betrachtet …

Person B

Moment, Reformation hat Luther gemacht.

Richtig, aber da war der Auslöser auch schon die Knete. »Wenn das Geld im Kasten klingt, die Seele aus dem Fegefeuer springt!«

Hätte glatt vom Finanzminister sein können. Tetzel verkaufte Absolution, der Finanzminister verkauft Steueramnestie. So groß ist der Unterschied in der Tat nicht.

Person A

Tetzel ist dann wegreformiert worden, und der Finanzminister reformiert selber. Das ist dann doch ein Unterschied.

Hmmmm. Die kirchliche Reformation im Mittelalter hat eine Gegenreformation ausgelöst, und danach gab es lange Zeit keinen Frieden mehr.

Ja, aber heute ist der soziale Frieden auch ohne Gegenreformation gestört.

Und eine Gegenreformation würde alles noch schlimmer machen.

Genau. Und weißt du, warum sich die Regierung die vielen Reformationen leisten kann?

Nein.

Weil Rentner nicht zur Revolution neigen.

Dann bleibt nur eines.

Nämlich?

Rentner dürfen nicht krank werden.

Personen: Renate, Hans-Jürgen, Beraterin und Parteigenosse

Vorspiel

Renate

(zum Publikum) Dass ich im Frühjahr den Hans-Jürgen geheiratet habe, da waren die meisten von Ihnen ja dabei, oder? Da auf der Autobahnraststätte? Ja, da fing das Problem an, da habe ich meine Schwiegermutter kennen gelernt.

Ja, vor der Hochzeit kannte ich nur die Mutter meines Zukünftigen. Eine sehr liebe, fürsorgliche Frau. Sie hat eben dafür gesorgt, dass ich nicht abhaue und ihr Hans-Jürgen womöglich keine abkriegt.

Und am Tag unserer Hochzeit lernte ich nun Schwiegermutter kennen. Zwei Personen in ein und demselben Leib. Mein Schleier zum Beispiel: Vor dem Ja-Wort ein Traum von zeitloser Eleganz, ein strahlender Rahmen um ein liebreizendes Gesicht. Nach dem Ja-Wort war er ein Fetzen alter Gardine, lieblos um eine zu grell geschminkte Visage drapiert.

Mehr will ich über die Hochzeit nicht sagen, aber ganz ehrlich, ohne Schwiegermutter wäre es schon leichter. Wenn ich zum Beispiel einen Kuchen gebacken habe, dann hat sie natürlich auch einen gebacken. Und welcher wird dann gegessen?

Richtig, meiner, weil ihrer für mich zu schade ist. Mit anderen Worten: Backen kann ich nicht, kochen kann ich nicht, und ob ich meine ehelichen Pflichten der anderen Art für ihn zufrieden stellend erfülle, das will sie Hans-Jürgen demnächst fragen.

Also bin ich zur Eheberatung gegangen.

Szene I

Personen

Beraterin **Grüß Gott, was kann ich für Sie tun?**

Renate Grüß Gott. Ich habe da ein Problem.

Lassen Sie mich raten, mit Ihrem Mann?

Nein.

Nein? Ja, aber was kann ich denn dann für Sie tun? Ich bin Eheberaterin.

Es ist doch nicht so, dass Probleme in einer Ehe zwingend zwischen Frau und Mann bestehen müssen.

Aha, verstehe, lesbisch.

Quatsch, ich habe Probleme mit meiner Schwiegermutter.

Dann gehen Sie Ihrer Schwiegermutter doch einfach aus dem Weg. Ich sehe Ihr Problem nicht.

Besser wäre, Schwiegermutter würde mir aus dem Weg gehen, aber die stellt mir nach. Wo ich hingehe, da will auch sie hingehen.

Und Ihr Mann?

Geht hinter ihr.

Wenn ich Sie richtig verstehe, dann befindet sich Ihre Frau Schwiegermutter zwischen Ihrem Mann und Ihnen.

Genau.

Dann kann es mit Ihrem Mann ja keine Probleme geben, weil Sie keine Berührungspunkte haben.

Kann man so sagen, ja.

Gut, dann können wir den Standardfragenkatalog vergessen.

Wieso? Was stehen denn da für Fragen drin? Renate

Ach, alles mögliche. Die spannendsten sind aber immer wieder die Fragen über die Qualität des ehelichen Geschlechtslebens. Aber das entfällt ja leider bei Ihnen.

Moment, ins Bett nehmen wir Schwiegermutter ja nun nicht mit.

Ach so, dann darf ich die Fragen also doch Beraterin **stellen?**

Wozu? Mit Hans-Jürgen bin ich ganz zufrieden.

Zufrieden reicht nicht, Sie müssen glücklich sein. Aber da hätte ich vielleicht was für Sie.

Ja? Gegen Schwiegermutter?

Ja, neben der Eheberatung betreibe ich auch noch Eheanbahnung. Wir können ja mal in meinen Katalog schauen.

Moment, Moment, ich bin bereits verheiratet.

Ja, aber nur zufrieden stellend, wie Sie soeben bemerkten.

Nein, befriedigend, unsere Ehe ist außerordentlich befriedigend.

Die rein erotische Seite der Ehe zu betrachten, reicht bei weitem nicht aus, meine Liebe. Schauen Sie sich doch mein Angebot einmal an. Für Frauen mit einer Schwiegermutterallergie habe ich selbstverständlich ein paar sehr ansehnliche Waisenknaben.

Dann müsste ich mich doch erst mal scheiden lassen?

Was den Vorteil hätte, dass Sie Ihre Schwiegermutter los wären.

Ich will mich aber nicht scheiden lassen.

Beraterin **Nun vergleichen Sie doch Ihren Mann mal mit meinem breit gefächerten Angebot.**

Stecken Sie Ihren Katalog ruhig wieder weg. Ich will keinen neuen Mann, ich will einen Rat, wie ich mit Schwiegermutter besser auskomme.

Wie Sie wollen, dann beschreiben Sie bitte, wie sich die Probleme äußern.

Renate Sie beherrscht mich. Sie bestimmt mein Leben. Ein Beispiel vielleicht: Es war am letzten Wochenende, wir fahren zu Schwiegermutter, um sie zum Essen abzuholen. Da gefällt ihr mein Kleid nicht. Und was tue ich?

Was tun Sie?

Da ich zur Folgsamkeit erzogen wurde, bin ich nach Hause gefahren, 10 Kilometer, habe mich umgezogen und bin wieder zu Schwiegermutter gefahren, wieder 10 Kilometer.

Und dann war sie zufrieden.

Von wegen, dann hat sich mich gefragt, warum wir erst um Viertel vor eins los können statt um zwölf.

Aber daran war sie doch selbst Schuld, sie hätte Sie doch nicht wieder nach Hause schicken müssen.

Ich merke, Sie fangen an, das Problem zu verstehen. Im Restaurant wähle ich einen Tisch, woraufhin sich Schwiegermutter an einen anderen setzt. Wir notgedrungen natürlich auch. Apropos Not, wir hatten gerade die Vorspeise gegessen, als ich mich der Not gehorchend kurz verabschieden wollte.

Etwas ganz Natürliches, würde ich mal sagen.

Unangenehmerweise war Schwiegermutter der Ansicht, dass sich das zwischen Vorspeise und Hauptgang nicht gehört, ich hätte zu warten, bis die Menüfolge beendet wäre. Renate

O Gott, und wie lange war das?

Acht Gänge. Fast zwei Stunden.

Das ist ja unmenschlich! Ihnen muss unbedingt geholfen werden.

Deswegen bin ich ja hier.

Gehen Sie doch einfach nicht mehr mit Ihrer Schwiegermutter ins Restaurant. Beraterin

Das geht nicht, Schwiegermutter besteht darauf.

Das muss doch einen Grund haben.

Hat es. Ich kann nicht kochen.

Nee?

Behauptet Schwiegermutter.

Nun, ich sehe schon. Wir werden wohl doch auf meinen Katalog heiratswilliger Männer zurückgreifen müssen.

Auf gar keinen Fall.

Aber nun lassen Sie mich doch helfen.

Wie ich bereits sagte: Ich will keinen anderen Mann.

Aber vielleicht finden Sie ja einen geeigneten Kandidaten, zu dem Ihre Schwiegermutter wechseln könnte.

Zwischenspiel

Hans-Jürgen

(zum Publikum) Dass Renate sich nicht mit meiner Mutter versteht, hat sie Ihnen bestimmt schon erzählt, oder?

Mal ehrlich, hatten Sie den Eindruck, dass Sie das etwas angehen würde? Meine Eheangelegenheiten sind meine Privatsache.

Ich weiß, Sie können ja nichts dafür, dass meine Renate mit intimen Plaudereien auf offener Bühne anfängt. Aber Sie hätten doch nicht zuzuhören brauchen, dann hätte sie schon aufgehört. Aber so stand sie im Mittelpunkt, und solange sie im Mittelpunkt steht, plaudert sie alles aus, was niemanden was angeht.

Aber welche Probleme ich mit ihrem Vater habe, darüber redet sie nicht. Ja, vor der Hochzeit kannte ich ihn als eine Art Kumpel, mit dem man diskutieren, seine Meinung austauschen konnte. Er hat eben dafür gesorgt, dass ich nicht abhaue und seine Renate womöglich keinen abkriegt.

Und am Tag unserer Hochzeit lernte ich nun den Patriarchen kennen, konservativ bis in die Knochen, nix Kumpel, nix Stammtisch, nix freie Meinung. Sein Großvater früher hat »Zentrum« gewählt, immer, jedes Mal. Und er ist sauer, dass es »Zentrum« nicht mehr gibt. Mit dem Ende von »Zentrum« wurde seine Familientradition zerstört.

Das hat er bei seiner Ansprache auf unserer Hochzeitsfeier erzählt, als er mir vorgeworfen hat, dass er grünes und rotes Gedankengut in mir entdeckt hat.

Mehr will ich über die Hochzeit nicht sagen, aber ganz ehrlich, ohne Schwiegervater wäre es schon einfacher. Erinnern Sie sich an Alfred Tetzlaff? Ekel Alfred? So ist Schwiegervater nicht. Nein! Alfred wurde Kumpel, wenn er besoffen war, aber Schwiegervater ist Antialkoholiker.

Mit Schwiegermutter komme ich eigentlich ganz gut aus. Sie plaudert zwar auch zu viel über unsere Familienangelegenheiten, da wird es Renate wohl auch herhaben, aber sonst ist die Frau ganz in Ordnung.

Einmal nur hat Schwiegervaters Dynastie zwangsläufig ihre Meinung ändern müssen. Von Schwarz zu Schwarz. Jetzt wählt sie CSU. Wie immer. Schwiegervater hat seine Familie im Griff.

Also bin ich zur SPD gegangen.

Szene II

Personen

Parteigenosse: **Grüß Gott, was kann ich für Sie tun?**

Hans-Jürgen: Grüß Gott. Ich habe da ein Problem.

Lassen Sie mich raten, mit Ihren sozialen Verhältnissen?

Nein.

Nein?

Nein. Es ist doch nicht so, dass Probleme zwingend finanzieller Art sein müssen. Aber »Probleme mit meinen Verhältnissen«, das trifft es schon einigermaßen.

Aha, verstehe, mehrere Verhältnisse. Aber das ist nun wirklich nicht Sache einer Partei.

Ich weiß, das gibt es in allen Parteien. Aber ich habe Probleme mit dem Verhältnis zu meinem Schwiegervater, das zunehmend das Verhältnis zu meiner Frau belastet.

Dann gehen Sie Ihrem Schwiegervater doch einfach aus dem Weg. Ich sehe Ihr Problem nicht. Außerdem sind wir als Partei für solche Probleme gar nicht zuständig.

Hans-Jürgen

Besser wäre, Schwiegervater würde mir aus dem Weg gehen, aber der stellt mir nach. Vielleicht sind Sie für das Folgende nicht zuständig, aber es sollte Sie interessieren.

Sagen Sie bloß, Ihr Schwiegervater will etwas von Ihnen, was Ihrer Gattin zusteht?

Muss ich das verstehen?

Nun, ich meine, wie soll ich sagen, hat er unschickliche Absichten?

Genau.

Parteigenosse

Dann haben Sie Recht, wir sind nicht zuständig, aber es interessiert mich.

Das dachte ich mir.

Er will Ihnen also tatsächlich an die Wäsche?

Wieso? Was heißt Wäsche? Was soll die Frage?

Ich hatte eben deutlich den Eindruck, dass das Ganze auf eine Bettgeschichte hinausläuft.

Moment, ins Bett nehmen wir Schwiegervater ja nun nicht mit.

Wir?

Meine Frau und ich.

Ach so, ja.

Jetzt hätten Sie gerne mehr gewusst, oder? Gut, ich erzähle es Ihnen. Schwiegervater hat mir einen unschicklichen Vorschlag gemacht.

Nein!

Doch! Und er hat gefordert, dass ich ihn als Mitglied seiner Familie auch annehme.

Mein Gott.

Er würde uns sonst enterben, meine Frau Renate, die seine Tochter ist, und mich.

Sie haben ja einen Sittenstrolch als Schwiegervater.

Parteigenosse

Ganz so krass würde ich das nicht sehen.

Erzählen Sie mir von dem Vorschlag, der ein Befehl zu sein scheint?

Er wird Sie erschrecken.

Sagen Sie es trotzdem.

Also gut, Schwiegervater hat verlangt, dass ich in die CSU eintrete.

Was tun Sie?

Da ich zur Folgsamkeit erzogen wurde…

Und dann war er zufrieden.

Von wegen, dann hat er geargwöhnt, dass ich trotzdem heimlich SPD wählen könnte.

Hans-Jürgen

Aber da Sie zur Folgsamkeit erzogen wurden…

So folgsam vielleicht doch nicht. Als ich dann Mitglied war, musste ich für den Vorsitz kandidieren.

Und?

Dann habe ich mich natürlich selbst gewählt.

Etwas ganz Natürliches, würde ich mal sagen.

Unangenehmerweise war kurz darauf Gemeinderatswahl.

Na und?

Ich musste kandidieren und bin jetzt im Gemeinderat.

Dann sind Sie gut ausgelastet, denke ich.

Es kommt noch schlimmer. Ich bin aus den eben geschilderten Gründen auch im Landtag.

Oh Gott, und wie soll das weitergehen?

Hans-Jürgen

Um einen eigenen Wahlkreis für die Bundestagswahl zu bekommen, war ich noch nicht lange genug Parteimitglied. Abgeordneter im Bundestag werde ich erst in vier Jahren werden.

Das ist ja unmenschlich, Ihnen muss unbedingt geholfen werden.

Deswegen bin ich ja hier.

Parteigenosse

Geben Sie doch einfach Ihre politischen Ämter auf, verlassen die Partei und pfeifen auf die Erbschaft. Es gibt wichtigere Dinge als den schnöden Mammon des Schwiegervaters.

Und wenn ich das täte?

Dann kommen Sie zu uns und füllen den Mitgliedsantrag der SPD aus. Wir brauchen gehorsame Parteisoldaten wie Sie.

Ein halbes Jahr später

Renate

(zum Publikum) Also, das erste Jahr unserer Ehe haben wir ja nun glücklich überstanden. Wie es aussieht, vertragen wir uns. Deshalb können wir nun so langsam an die Hochzeitsreise denken.

Jetzt sagen Sie bloß, Sie haben Ihre Hochzeitsreise sofort gemacht? Nee nee, wir nicht, die Hochzeit war schon teuer genug. Wenn die Ehe das erste Jahr nicht überstanden hätte, wäre so eine Reise doch rausgeschmissenes Geld gewesen. Wer kann sich denn so was bei der heutigen Konjunkturlage noch leisten?

Aber wie gesagt, bei uns ist alles so weit in Ordnung.

Szene III

Hans-Jürgen

(tritt auf) Plauderst du schon wieder über unser Eheleben? Das hatten wir doch erst im November.

Renate

Red nicht, wer hat denn damals über meine Verwandtschaft hergezogen?

Hätte ich nicht gemacht, wenn du nicht so schlecht über meine gesprochen hättest.

Ach nee, jetzt soll ich wieder Schuld sein. Aber so ist das ja immer. Schuld bin immer ich.

Etwa nicht? Habe ich vielleicht mit den Gemeinheiten angefangen?

Du liebst mich nicht mehr.

Wenn du mich weiter beschimpfen willst, bitte!

Wer beschimpft denn hier wen?

Schrei doch nicht so!

Wer schreit denn?!

Ich nicht.

Ich auch nicht.

Willst du mir etwa eine Szene machen? Und das kurz vor unserer Hochzeitsreise?

Wenn du so weitermachst, kannst du deine Hochzeitsreise vergessen! *(zum Publikum)* Verstehen Sie jetzt, warum man die Hochzeitsreise nicht gleich machen sollte? Mir ist es übrigens ganz lieb, wenn Sie jetzt hier anwesend sind.

(zum Publikum) Mir auch. Dann habe ich wenigstens ein paar Zeugen, wer das Reiseziel ausgesucht hat.

Ach, da brauchst du Zeugen für?

Ich weiß doch, wie es ohne Zeugen ausgehen würde. Ist die Reise in Ordnung gewesen, hast du sie ausgesucht, geht was schief, war ich es.

Also gut, du bestimmst. Wo fahren wir hin?

Das eben ist das Problem.

Wieso Problem?

Weil ich am liebsten ans Meer fahren würde, Italien zum Beispiel.

Teutonengrill, 14 mal 10.

Bitte?

Renate

14 Tage 10 Stunden am Strand liegen. Da kann ich ja gleich im Bett bleiben.

Ja, das auch.

Bitte?

Bett, es wird schließlich unsere Hochzeitsreise.

Das ist doch langweilig.

Danke für das Kompliment.

Das doch nicht, ich will aber auch am Tag was erleben, ein bisschen Spannung, Abenteuer.

Hans-Jürgen

Na gut, dann gucken wir mal in den Katalog.

Quatsch, da ist doch auch bloß langweiliger Pauschaltourismus drin.

In diesem nicht, der steckt voller Abenteuer.

Und von wem ist der?

Vom Auswärtigen Amt. Das sind die Reisewarnungen. Da steht sogar drin, was du in den Ländern erleben kannst.

Was bietet das Auswärtige Amt denn so an?

Na, schauen wir mal. Kriegerische Auseinandersetzungen, Kampfhandlungen, Granatbeschuss bis hin zur Großoffensive.

Na ja, spannender als Strandliegen ist das ja, aber, nee, Granatbeschuss und Großoffensive ist vielleicht doch etwas zu viel.

Gut, dann können wir Burundi und die Philippinen streichen.

Zu den kleinen Philippininnen hättest du sowieso nicht gedurft.

Hans-Jürgen

Da hätte ich bei einer militärischen Großoffensive auch keinen Spaß dran.

Und ohne hätte ich es dir auch verboten.

O ja, auf Verbote kommen wir gleich noch. Andere Frage: Würden dich Minen stören?

Was hat denn das mit meinem Erlebnishunger zu tun? Bei Minen erlebst du entweder gar nichts, und wenn doch, dann nur ein Mal.

Gut, dann können wir auch nicht in den Kongo oder nach Angola fahren.

Renate

Gibt's da nicht irgendwas, womit man ins Fernsehen kommt?

Doch, das gibt's auch. Liberia, Algerien, Kolumbien.

Da kommt man ins Fernsehen?

Na ja, sicher ist das nicht, aber da kommen Entführungen vor.

Na, das klingt doch ganz interessant.

Und in Ecuador kannst du, wenn du Glück hast, auch noch einen echten Vulkanausbruch erleben.

Findest du das nicht auch spannender, als immer nur am Strand zu liegen?

Spannender vielleicht, aber man will doch auch irgendwann mal wieder nach Hause. Man will ja auch befreit werden.

Wofür gibt es denn die Botschaften? Der deutsche Staat ist verpflichtet, seine Staatsbürger zu schützen.

Willst du damit sagen, dass der Staat so eine Art Lebensversicherung für uns ist?

Genau, Versicherung, Rückholdienst. Und bei so einer Entführung kann der Staat dann auch gleich beweisen, ob er das auch kann.

Auf Kosten der Steuerzahler. Ich weiß nicht, ich stelle mir das Entführtwerden trotzdem nicht besonders prickelnd vor.

Renate

Das kommt ganz auf die Entführer an.

Aber mich willst du nicht zu den kleinen Philippininnen lassen.

Ach ja, du hattest da vorhin noch was von Verboten gesagt.

Wenn du so auf Verbote stehst, können wir nach Burundi oder Côte d'Ivoire fahren.

Aha?

Da ist es nachts verboten, das Haus zu verlassen. Ausgangssperre nennt man das. In San Pedro zum Beispiel von 19 Uhr bis morgens um 6.

Das werden dann ja lange Nächte.

Hans-Jürgen

Es ist ja auch unsere Hochzeitsreise.

Und was passiert da am Tag?

Burundi hatten wir schon wegen Granatbeschuss gestrichen, und Côte d'Ivoire kann ich nicht richtig aussprechen.

Aber San Pedro, also, was passiert da am Tag?

Massendemos.

Gut, die stören nicht weiter, wir fahren nach San Pedro.

So schnell entschlossen?

Ja, wegen der Ausgangssperre.

Was ist denn daran so gut?

Da musst du von Staats wegen jede Nacht 11 Stunden bei mir bleiben. Das wird wohl eine anstrengende Hochzeitsreise für dich werden.

Personen: Ein Beamter am Schreibtisch,
eine Frau in Szene I, ein Mann in Szene II

Szene I

Der Nächste bitte! – Nun geben Sie schon her! — Beamter

Was, bitte? — Frau

Ihren Asylantrag, nun machen Sie schon, draußen warten schließlich noch mehr.

Ich nicht haben.

Bitte?

Nicht haben Antrag für Asyl.

Warum nicht?

Ich nicht brauchen.

Was Sie brauchen, bestimme immer noch ich, also!

Ich nicht brauchen, ich wissen ganz genau, du mir glauben.

Jetzt reicht's mir aber, raus!

Ich nicht dürfen raus, ich müssen arbeit, ich putzen Haus hier.

Szene II

Der Nächste bitte! – Du geben Antrag. Woher du kommen? – Du nix sprechen Deutsch? — Beamter

Doch, aber Sie offenbar nicht. — Mann

Schnauze, ich sein deutsch, ich sein Beamter, du wollen Asyl, also: Ich sprechen Deutsch, du nicht.

Ach, Beamter sind Sie, drum.

Bitte?

Beamte dürfen nichts annehmen, insbesondere keine Vernunft. Also, hier ist mein Asylantrag. – Auf deutsch.

Auf deutsch? Wer hat Ihnen den geschrieben?

Mann

So was mache ich grundsätzlich selbst, man will schließlich wissen, was man beantragt.

Nun sagen Sie mir nur noch eines, wieso sprechen Sie so gut deutsch?

Ich bin aus Ruanda-Urundi.

Na und?

Was heißt na und? Ich bin aus Ruanda-Urundi, deshalb spreche ich deutsch, und in Ruanda-Urundi herrscht eine Militärregierung, deshalb will ich Asyl.

Hä?

Ruanda-Urundi ist ein Teil des ehemaligen Deutsch-Ostafrika. Ein Mensch, der Ihre Arbeit tut, sollte ein wenig Geographie und Geschichte kennen.

Beamter

Deutsch-Ostafrika! Dann brauchen Sie aber doch kein Asyl, dann sind Sie doch Übersiedler.

Wieso?

Deutschstämmige Einwanderer nennt man Übersiedler. Willkommen in der Heimat, mein Freund.

Erstens bin ich nicht Ihr Freund, und zweitens waren meine Eltern Holländer.

Warum sprechen Sie so gut deutsch?

Weil mein Vater im Busch verschollen ist und meine Mutter bei meiner Geburt starb. Ein deutsches Ehepaar hat mich aufgezogen.

Das reicht völlig, legen Sie einfach die Adoptionsurkunde bei.

Ich habe keine.

Auch nicht so schlimm, dann machen wir eben eine eidesstattliche Erklärung. Beamter

Das will ich gar nicht, ich möchte einfach nur Asyl. Mann

Ich kann Ihnen nicht ganz folgen. Sie könnten Übersiedler sein mit Arbeitsrecht, mit Wohnrecht, mit Rentenanspruch und allen sonstigen Rechten, die ein Deutscher hat, und was wollen Sie? Sie wollen rechtloser Asylant werden.

Jawohl. Ich komme aus einem Land, in dem ich als Fremder verfolgt wurde, und ich möchte niemals zu denen gezählt werden dürfen, die durch einfache geographische Veränderung bei demselben Problem plötzlich auf der anderen Seite stehen.

DOPPELPASS

Personen: Fernseh-Programmdirektor und Moderator

Warum glauben Sie eigentlich, dass Sie, ausgerechnet Sie, der Richtige sind, unser neues Politmagazin zu moderieren? Fernseh-Programmdirektor

Weil ich der Einzige bin, der alle Bundesminister kennt. Moderator

Persönlich?

Nein, auswendig.

Können Sie das beweisen?

Natürlich, aber das kostet extra. Sehen Sie, ich will weg von der Sportmoderation und ins ernste Fach wechseln.

Gerade sprechen Sie es an. Warum wollen Sie in der Sportmoderation aufhören?

Moderator **Weil es sich herumgesprochen hat, dass ich vom Sport keine Ahnung habe.**

Und von Politik haben Sie Ahnung?

Nein.

Dann verstehe ich nicht …

Aber hören Sie, so mancher Sportler hat mich in meinen Sendungen blamiert.

Das kann Ihnen aber doch mit …

… mit unseren heutigen Kabinettsmitgliedern kaum passieren. Früher übrigens auch nicht, aber das hatte andere Gründe.

Fernseh-Programmdirektor Das verstehe ich nicht.

Sehen Sie, wenn ich zum Beispiel einen Fußballer fragte, warum das Tor in der 44. Minute nicht gefallen ist, dann antwortete der: »Weil ich den Doppelpass nicht erwischt habe.« Das ist eine klare Aussage, die das Publikum versteht, und deshalb musst du als Sportmoderator wissen, was ein Doppelpass ist.

Und in der Politik glauben Sie auf Ahnung verzichten zu können?

So ziemlich. Man muss sich allerdings ein paar Fragen mehr einfallen lassen als zu Kohls Zeiten.

Das ist wohl wahr. Früher waren die Antworten in diesem unserem Lande oft barock ausladend.

So ist es, zwei Fragen pro Sendung, und die Gage war verdient. – Aber die Antworten heute? Klassisch schlicht. Fünf Worte: »Das wird die Zukunft zeigen.«

Fernseh-Programmdirektor

Dann wird das für Sie aber ein anstrengender Job, Sie werden sich viele Fragen einfallen lassen müssen.

Ja, aber ich muss sie nicht verstehen.

So?

Ja.

Das verstehe ich nicht.

Moderator

Aber das ist doch ganz einfach: Ich frage zum Beispiel: »Wie wird sich Ihrer Meinung nach die Gesellschaft in unserem Staate verändern, wenn Sie es Ausländern ermöglichen, die deutsche Staatsangehörigkeit neben der eigenen Staatsangehörigkeit zu erwerben?«

Also die Frage nach dem Doppelpass.

Bitte nicht wieder Doppelpass, ich hatte schon als Sportmoderator nicht verstanden, was das ist.

Ja, aber wenn Sie die eigene Frage nicht verstehen ... ?

Wozu? Auf die Antwort »das wird die Zukunft zeigen« ist sowieso keine Zusatzfrage möglich.

Und wenn doch mal jemand eine andere, vielleicht sogar sinnvolle Antwort gibt?

Kein Problem, dafür habe ich mir ja einen Widersacher von der Opposition eingeladen. Der sagt dann eben: »Das wird die Zukunft zeigen.«

HERR PUNTILA ODER DIE EINSCHALTQUOTE

Personen

Reporterin

Puntila

Personen: Reporterin (könnte Moderatorin eines Frauenmagazins sein), Puntila (ein ziemlich überheblicher Chef, der es gewohnt ist, die Fäden aus dem Hintergrund zu ziehen)

Der Sketch kann als Radio- oder als Fernsehinterview gespielt werden. Das Verhalten der beiden Personen muss entsprechend angepasst sein. Im Radio sind sie sich bewusst, nicht gesehen zu werden, im Fernsehen wird man gesehen, also steht die Eitelkeit im Vordergrund.

Reporterin ***(tritt auf)*** **Guten Abend, meine Damen und Herren, ich bin sicher, dass wir mit dem heutigen Thema unserer Sendung »Medien intern« wieder Ihr Interesse finden werden. Wir wollen Ihnen einen Eindruck geben, wie, wann und warum der Sport im Fernsehen behandelt wird. Begrüßen Sie mit mir den Sendeleiter des ersten gesamtdeutschen Fernsehens, Herrn Puntila.** ***(bei den Worten »Herrn Puntila« tritt Herr Puntila auf)*** **Guten Abend, Herr Puntila.**

Puntila Guten Abend, ich möchte allerdings gleich darauf hinweisen, dass »Puntila« mein Spitzname ist.

Reporterin

O Verzeihung. ***(fordert durch Gestik Puntila auf, Platz zu nehmen; beide setzen sich. Das Gespräch wird dadurch nicht unterbrochen)***

Das macht aber nichts, meinen richtigen Namen wollte ich Ihnen ohnehin nicht gern verraten. Nennen Sie mich nur weiter Puntila.

Ganz wie Sie wünschen, aber wieso gerade Puntila, Herr Puntila?

Für Brecht-Fans ist das sofort einleuchtend, Herr Puntila verändert seine Persönlichkeit in Abhängigkeit seines seelischen Zustandes, und das tue ich auch.

Interessant.

Ja, es gibt da allerdings einen feinen Unterschied. Puntilas seelischer Zustand ist abhängig vom Weingeist, meiner ist abhängig von der Einschaltquote.

Das heißt, es gibt eine Sucht nach Einschaltquoten. Könnte man dann sagen, Sie sind quotensüchtig?

Puntila

Nein, eher quotenabhängig. Ja, das ist das bessere Wort, quotenabhängig.

Da sehe ich keinen Unterschied.

Ich bin quotenabhängig, denn wenn ich sie nicht bringe, fliege ich raus. Wäre ich quotensüchtig, hätte ich ein persönliches Interesse.

Und das haben Sie nicht?

Ach was, wozu denn, es ist doch völlig gleich, ob und wie viele zuschauen, Hauptsache, das Geld stimmt.

Ja, nun gut, wollen wir dieses Thema verlassen, Herr, äh …

Bleiben wir bei Puntila, wie ich schon sagte, mein Name, äh …

Verstehe, ja, unsere Zuschauerinnen und Zuschauer werden sich sicher dafür interessieren, nach welchen Gesichtspunkten Sie die Kommentatoren für Ihre Sportübertragungen auswählen.

Nun, das geschieht nach zwei Gesichtspunkten, zum einen kann man jemanden nehmen, der wortgewandt reden kann, zum anderen kann man aber auch jemanden einsetzen, der etwas von der Sportart versteht.

Entweder oder?

Puntila

Leider, ja, ich kenne niemanden, der beide Eigenschaften in sich vereinigt. Sehen Sie, wir haben dann versucht, zwei Kommentatoren gleichzeitig zu entsenden, einen, der reden kann, und einen Sportler.

Das war sicher eine ausgezeichnete Idee, auch wenn sie zugegebenermaßen etwas teuer ist.

Aber ganz im Gegenteil, das war der größte Flop, den wir uns geleistet haben, an dem Tag hat das Publikum gemerkt, dass der Fachmann nicht reden kann und dass der gute Redner keine Ahnung hat.

Ich verstehe, der direkte Vergleich …

Aber das ist vergessen, wir haben neue Methoden gefunden, unsere Einschaltquoten zu halten.

Verraten Sie uns einige davon?

Aber gern, wir reizen den Spieltrieb, das geht etwa so: An den bundesdeutschen Stammtischen werden zu einer bestimmten Sportübertragung Wetten abgeschlossen.

Reporterin

Wetten, wer gewinnt?

Nein, Wetten, wie oft der Kommentator den HSV mit Werder Bremen verwechselt. Wir haben dafür eigens einen Farbenblinden eingestellt.

Verstehe, welche Möglichkeiten haben Sie denn noch?

Wenn wir die Quoten nur mit den Zuschauern erzielen wollten, die sich für die gerade übertragene Sportart interessieren, dann könnten wir einpacken. Nein, wir müssen auch den Geschmack der Leute treffen, die mit Sport eigentlich nichts am Hut haben.

Das stelle ich mir aber gar nicht so einfach vor.

Puntila

Ist aber ganz einfach. Sehen Sie, *(die Stimme wird jetzt weich, einschmeichelnd)* wenn zum Beispiel eine sehr gut aussehende junge Frau ihren Sport in leichter Sportbekleidung ausübt, dann ist bereits ein gewisser Grundreiz da. Nicht wahr? Da der aber noch nicht reicht, wird der Reporter nun die Methode der Doping-Kontrolle erläutern und den Männern an den Bildschirmen erzählen, dass es der Sportlerin gelungen ist, das Teströhrchen hinauszuschmuggeln, obwohl sie bei der Untersuchung völlig unbekleidet war. Wo sie es versteckt hat, überlässt der kluge Reporter natürlich der männlichen Fantasie.

empört

Sie setzen also auch auf die niedrigsten Instinkte wie die Mitternachtsfilme?

Selbstverständlich, ohne die sind keine Quoten zu haben. Wir verstecken die Schweinereien allerdings in Nachrichten. Sport ist erotisch, so einfach ist das.

Reporterin

Der Wintersport auch?

Da ist das etwas schwieriger, einerseits können wir hier auf das Eiskunstlaufen zurückgreifen, dann sind wir noch immer beim gleichen Thema. Denken Sie nur einmal an die Bielmann-Pirouette. Oder wir setzen einen Reporter ein, der bei der Regenbogenpresse ausgebildet wurde.

So? Sie sehen mich einigermaßen verblüfft, auch unsere Zuschauer werden nicht ganz verstanden haben, was Sie damit zum Ausdruck bringen wollten.

Aber ich bitte Sie, nehmen Sie einmal das Skispringen oder den Slalom oder die Abfahrt, meinetwegen auch das Eisschnelllaufen, das Rodeln oder den Bob. In immer gleichen Zeitabständen tun bis über den Kopf vermummte Figuren genau dasselbe. Diese Überraschungsarmut muss der Reporter auffangen.

Und wie macht er das?

Na, ganz einfach, er erzählt.

Von den sportlichen Leistungen des Sportlers?

Puntila Ach was, wer will das wissen! Er erzählt, wie alt seine Mutter ist und wie oft sie verheiratet war zum Beispiel, oder dass er vorgestern noch Durchfall hatte und heute trotzdem schon wieder auf den Beinen ist und dass er eingangs der dritten Kurve an nichts anderes denkt als an die Gefahr, dass er es nicht mehr rechtzeitig zur Toilette schaffen könnte, und dass er deshalb heute auch der ganzen Konkurrenz davonfährt, oder so was eben.

Reporterin **Ach.**

Vergessen darf er natürlich auch nicht, dass die Lebensgefährtin unseres Sportlers gerade auf der Entbindungsstation liegt und dass er die ganze Nacht an ihrem Bett gesessen hat und dass er hofft, dass der junge Sportler nicht auf der Piste einschläft, er muss doch müde sein, sicher freut er sich auf das Kind. Dann kann noch erwähnt werden, dass er es auch dann lieben würde, wenn es gar nicht von ihm sein sollte, jedenfalls hat er gestern wörtlich gesagt: »Ich werde es in jedem Fall lieben«, und das schließt diesen Fall ja wohl ein.

Ihre Fantasie möchte ich haben.

Ohne Fantasie können Sie heutzutage keinen Sport mehr verkaufen. Es gibt natürlich noch weitere Themen, über die ein Kommentator informiert sein muss. Er muss wissen, dass das Kind auf den Namen des Trainers getauft werden soll, und dieser Trainer soll dann auch Taufpate sein, und die junge Mutter hat bereits zwei Kinder aus erster Ehe, übrigens von dem Trainer, aber das spielt hier keine Rolle. Diese beiden Kinder werden natürlich dieselbe Sportart ausüben wie ihr Stiefvater, das ist wegen der erblichen Vorbelastung.

Das verstehe ich nicht.

Das ist doch ganz einfach, es war der Trainer, daher die erbliche Vorbelastung, und wenn es nicht so wäre, würde das auch keiner merken.

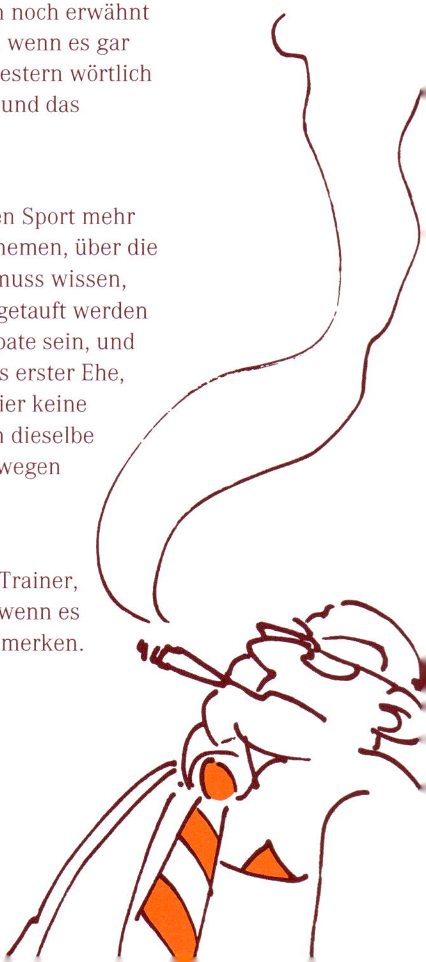

Das ist ja alles schön und gut, was Sie uns hier erzählt haben, aber dauert so eine Familiengeschichte nicht viel zu lange für eine Abfahrt oder eine Schlittenfahrt? In der Zeit sind doch mindestens zwei, drei weitere Sportler im Ziel.

Das macht doch nichts, das waren dann wahrscheinlich Franzosen oder Italiener oder so, von denen weiß er doch sowieso nichts zu erzählen.

Reporterin

Heißt das, dass Ausländer nicht so wichtig sind?

Naja, also ohne sie geht es ja auch nicht. Aber es ist doch so, wenn ein Italiener eine Silbermedaille gewinnt, nun ja, aber wenn ein Deutscher auf den elften Platz vorrückt, und das bereits fünf Jahre nach seiner schweren Blinddarmoperation, dann ist das eine Sensation, besonders dann, wenn er im letzten Jahr nur Zwölfter war.

Kommt damit nicht aber auch ein gewisses nationalistisches Element in die Sportberichterstattung? Diesen Verdacht hatte ich schon öfter, insbesondere bei Mannschaftssportarten.

Puntila

Da haben Sie sehr gut aufgepasst, meine Liebe. Sehen Sie, wie ich bereits sagte, sind nicht alle Sportarten erotisch, hinzu kommt, dass nicht jeder Zuschauer vom Sex angezogen wird. Hier müssen wir dann zu etwas härteren Mitteln greifen. Unsere Kommentatoren verstehen es in der Regel recht gut, aus zwei gegnerischen Mannschaften feindliche Armeen zu machen.

Ist das nicht etwas übertrieben? Sport als Kriegsersatz?

Aber nein, nun gut, sagen darf man das so natürlich nicht, aber wenn Deutschland gewinnt, dann wird ein guter Berichterstatter laut jubeln, wenn Deutschland verliert, dann wird er eine Weltuntergangsstimmung erzeugen, mal abgesehen davon, dass es sowieso nicht mit rechten Dingen zugehen kann, wenn Deutschland verliert. Die deutschen Sportler sind immer die besten.

Das glaube ich nicht.

Puntila Ich auch nicht, aber wenn man das so sagt, dann bringt das Einschaltquoten, dann sehen auch diejenigen zu, denen der Nationalstolz am Herzen liegt.

Reporterin **Und denen der Sport egal ist, richtig?**

Richtig.

Sagen Sie mal, Herr Puntila, geht die Laberei den wirklich Sportinteressierten nicht auf den Geist?

Doch, wahrscheinlich schon, aber die paar können ja den Ton abschalten und sich am nächsten Tag die Bildzeitung kaufen.

DER WERBEBLOCK

Personen: A und B, zwei Mitarbeiter/innen einer Agentur

Person A Du, wir haben einen Auftrag.

Person B **So? Wirft er was ab?**

Wieso? Also, du musst das mal so sehen, wir haben wieder Arbeit!

Die hoffentlich bezahlt wird?

Du musst das mal positiv sehen: Vorrangig braucht einmal jeder Arbeit!

Also, was ist nun, wird der Auftrag bezahlt?

Nichts ist unmöglich!

Nun komm aber.

Also, die auftraggebende Firma stellt Schreibblocks her. Und wenn es sie bei Auftragsende noch gibt, dann bezahlt sie auch.

Und warum soll es sie nicht mehr geben?

Weil die Firmensterberate noch nie so hoch war wie heute.

Die Firmengeburtsrate aber auch nicht.

Von den zukünftigen Firmen haben wir aber keine Aufträge.

Also gut, halten wir uns an den, den wir haben. Was also ist zu tun?

Wir sollen die Marktchancen für Schreibblöcke unter Berücksichtigung zugkräftiger Werbestrategien untersuchen.

Der Markt für Schreibblöcke ist gesättigt.

Dann müssen wir uns eben eine zugkräftige Werbestrategie einfallen lassen.

Wieso wir? Wir betreiben Wirtschaftsforschung, keine Volksverdummung. Person B

Wo bitte ist da der Unterschied? Abgesehen davon bleibt uns nichts anderes übrig. Wir müssen werben, weil sonst keine Blöcke verkauft werden, die Firma folglich pleite macht…

Und uns folglich nicht bezahlen kann.

Richtig. Da dieser Auftrag unser einziger Auftrag ist, macht folglich unsere Firma pleite. Person A

Und zahlt mir mein Gehalt nicht. Endlich weiß ich, was wirtschaftliche Verflechtung ist.

Also werben wir. Aber wie?

Wir sollten es mit der Namensgebung versuchen.

Namensgebung? Für Schreibblöcke?

Klar: Irgendein Name, der schon geläufig ist. Zum Beispiel: »Ostblock«.

Und »Westblock«, was? So ein Unfug, das ist doch nicht werbewirksam.

Doch, doch, doch, doch, besonders im Export.

Hm. Was war eigentlich bisher unser größter Firmenerfolg?

Die Erfindung des Namens »Boris Becker«.

Wieso Erfindung, der hieß doch schon immer so.

Der Tennisschläger nicht. Unser zweitgrößter Erfolg war der Name »Franz Beckenbauer« für Fußballschuhe.

Dann ist alles klar, wir benennen die Schreibblöcke nach bekannten Personen.

Persönlichkeiten.

Person A

Nein, Personen. Bei Persönlichkeiten ist die Auswahl zu klein.

Na schön, mach mal einen Vorschlag.

Wie wär's mit dem Block »Hans Eichel«? Sehr geduldiges Papier zum Erstellen der Steuererklärung?

Geht nicht, dann gehen uns die Kunden durch die Lappen, die eine ehrliche Steuererklärung abgeben wollen.

Meinst du nicht, dass wir auf die paar verzichten können? Aber gut. Nächster Vorschlag: Der Block »Joschka Fischer«.

Nicht schlecht, das spricht den weltanschaulich interessierten Kunden an.

Und ist besonders leicht für die Auslandskorrespondenz.

Person B

Aber die Gefahr, dass wir den Block im nächsten Jahr umtaufen müssen, ist zu groß.

Mach mich nicht bange, Mann!

Aber der Block »Edmund Stoiber«.

In der Tat ein Name für die Ewigkeit. Aber mal eine Frage am Rande: Wie oft muss eigentlich das Papier für den Block »Jürgen Trittin« recycelt sein?

Wie kommst du von Stoiber auf Trittin?

Also gut: Stoiber, der so genannte Schwarzblock. Sehr innovativ, steigert den Absatz von weißer Tinte.

Verkauft sich im Norden aber nicht.

Außerdem kann man auf schwarzem Papier nicht mit roter Tinte schreiben.

Apropos rote Zahlen: Ich habe noch einmal über mein Gehalt nachgedacht, wenn die Schreibblockfirma pleite macht.

Und?

In diesem Jahr ist doch Wahlkampf, nicht?

Person B

Ja.

Und die Parteien haben doch einen Werbe-Etat, nicht?

Ja.

Und unsere Schreibblockwerbung ist doch gleichzeitig Parteiwerbung.

Du meinst…?

Aber sicher.

Die zahlen aber doch nichts.

Person A

Müssen sie auch nicht.

Wieso?

Also pass auf: Die Parteien zahlen uns quasi ein Honorar, das wir derselben Partei in voller Höhe spenden.

Also keiner zahlt was.

Richtig.

Und was haben wir davon?

Die Spendenquittung für das Finanzamt.

DER CHOR DER FÜNFZEHNTEN WAHLPERIODE

Personen: A und B (zwei Männer, zwei Frauen, ein Mann und eine Frau …)

Person A — *(im Vorbeigehen)* Willst du mit?

Person B — **Wohin?**

Zum Gottschalk, ich habe Karten für »Wetten, dass …«.

Wann, jetzt?

Wann sonst, wegen dir wird er die Sendung nicht verschieben.

Na gut, überredet, man gönnt sich ja sonst nichts. Was willst du denn für die Karte haben?

Sagen wir mal so, wenn du eine gute Idee für die Saalwette hast, dann schenke ich sie dir.

Das ist kein Problem, schreib auf: Wetten, dass niemand im Saal alle Mitglieder der momentan amtierenden Bundesregierung aufzählen kann.

Unfug, die Wette geht verloren, bei Gottschalk ist immer ein Promi, kann doch sein, dass zufällig der Joschka Fischer Wettpate ist, und dann?

Stimmt auch wieder, der wird seine Kolleginnen und Kollegen kennen.

Eben.

Ist aber nicht schlimm, dann musst du eben Randbedingungen stellen. Zum Beispiel: Wetten, dass niemand im Saal alle Mitglieder der momentan amtierenden Bundesregierung in alphabetischer Reihenfolge aufzählen kann.

Kann Fischer, wetten?

Wieso das denn?

Hat er mit Sicherheit auswendig gelernt, weil das die einzige Möglichkeit ist, dass er vor Schröder genannt wird.

Person B

Macht doch nichts. Es gibt doch Möglichkeiten genug, sagen wir mal, der Größe nach, oder du nimmst das Lebensalter oder die Länge der Amtszeit, oder einfach nach Schönheit.

Nach Schönheit?

Ja, nach Schönheit, das hat auch den Vorteil, dass das dann eine frauenfreundliche Sendung wird.

Naja, wenn du das so siehst.

So sehe ich das, gleich vor Schröder kommt schon eine Frau.

Aber trotzdem. Schönheit ist doch kein Kriterium.

Für die Hälfte aller Wähler schon, die paar, die nach Klugheit wählen, kannst du vergessen.

Person A

Das ist es: Wetten, dass niemand im Saal alle Mitglieder der momentan amtierenden Bundesregierung sortiert nach Klugheit aufzählen kann. Das würde sogar der Fischer falsch machen.

Wieso das denn?

Wegen seiner guten Erziehung. Der würde von hinten anfangen, weil man sich als wohlerzogener Mensch natürlich zuletzt nennt.

Na schön, aber wer soll dann entscheiden, ob die Reihenfolge stimmt?

Tja, wie kriegen wir das auf die Reihe? Hmm, vielleicht machst du es dem Gottschalk noch etwas schwieriger, der muss die Minister noch alle während der Sendung auf die Bühne bringen, und dann werden Intelligenzfragen gestellt.

Den Bundeskanzler natürlich auch.

Natürlich, und dann könnten wir auch noch wetten, dass der Fischer den Schröder auf den Arm nehmen kann.

Wie meinst du denn das jetzt, Fischer als Schwerathlet oder Fischer als Humorist?

Person A

Das überlege ich mir noch, andererseits, wenn die sowieso alle kommen sollen, dann könnten wir die Damen und Herren Minister eigentlich doch auch singen lassen.

Stimmt. Zum Beispiel: »Wer soll das bezahlen«, und alle gucken Herrn Eichel an.

Ach nee, das ist doch alt.

Meinst du? Und wenn der dann aber antworten würde: »Wenn ich einmal reich wär'«, woraufhin die Schmidt dann von der Kandidatenbank einfällt: »Ich brauche deine Milliarden.«

Na ja, nicht schlecht, aber ich würde lieber Herrn Schröder hören mit »Schenk mir doch ein kleines bisschen Liebe, Liebe«, ja, also so als kleine Bitte an sein Volk.

Person B

Nicht schlecht, und dann sein freundliches Gesicht, und dem Volk noch etwas mit den Augen zuzwinkern, und dann der Eichel als Wahlunterstützung: »Was kann der Gerhard denn dafür, dass er so schön ist?«

Moment, Moment, Moment, eben hast du gerade noch gesagt, dass Eichel der Schönste ist, dann kann er das aber nicht singen.

Aber warum denn nicht. Warum soll er ausgerechnet beim Singen die Wahrheit sagen? Anschließend singt die Damenriege der Regierungsbank: »So ein Mann, so ein Mann, macht uns unwahrscheinlich an.« Dazu dann der schmachtende Jungmädchenblick, verschämtes Wegdrehen der Schultern und sinnliches Lächeln.

Prima, und dann wollen wir mal sehen, ob er wenigstens dabei noch rot werden kann.

Der wird nicht rot, der singt dann wahrscheinlich: »Ich bin von Kopf bis Fuß auf Liebe eingestellt.« Person B

Das geht nicht, das Lied gehört zwar zur SPD, das soll aber der Clement singen. Der kriegt sogar zwei Lieder, gleich anschließend singt er nämlich: »Ich breche die Herzen der stolzesten Frau'n.«

Ja, na schön, aber was soll denn nun der Schröder seiner Damenmannschaft antworten?

Das ist doch dem Schröder sein Problem. Aber ich kann mir die Show gut vorstellen, du. Person A

Naja, aber die Sendezeit, da müsste der Gottschalk doch mindestens eine Stunde überziehen.

Ach was, Gottschalk. »Wetten, dass…« wird gestrichen. Wir nennen die Sendung dann »Berliner Runde«.

Knaur

»Jede Mutter hofft, dass ihre Tochter einen besseren Mann bekommt als sie selber und ihr Sohn eine so gute Frau, wie sein Vater sie bekommen hat.«

INGEBORG DÜFFERT

LUSTIGE VORTRAGSTEXTE FÜR FAMILIENFESTE

GEBURTSTAGE, HOCHZEITEN, JUBILÄEN

Für jedes Familienfest – Geburtstag, Hochzeit, Weihnachten – findet sich in diesem Buch der passende Text. Und da die Gäste heiter und beschwingt sein sollen, müssen die Texte lustig sein. Dafür steht – wie keine andere – die Erfolgsautorin Ingeborg Düffert mit ihrem unverwechselbaren Humor. Ob kleiner Kreis oder große Gesellschaft: Hier wird garantiert herzhaft gelacht.

112 Seiten mit Illustrationen
16,0 x 21,5 cm, 12,90 Euro [D]
ISBN 3-426-66929-3